Als Familie Wiechmann den Umzug in den Süden wagt, ahnt sie noch nicht, dass die Reise von Berlin nach München weit mehr bedeutet als nur eine neue Wohnung in irgendeiner deutschen Stadt. Denn in Bayern geht es nun mal ganz anders zu, und die Wiechmanns müssen sich an so einiges gewöhnen. An Networking auf Bayrisch beispielsweise – auch Spezlwirtschaft genannt – oder die rätselhafte Sprache und andere wundersame Sitten und Gebräuche der Einheimischen. Nach und nach lernen die Neu-Bajuwaren ihre Wahlheimat kennen und lieben – und werden sogar echte Bayern-Fans!

Daniel Wiechmann, geboren 1974 in Berlin, ist Journalist und freier Autor. Unter anderem war er Chefredakteur des Münchner Stadtmagazins GO. Er veröffentlichte zahlreiche nicht immer ganz sachliche Sachbücher, darunter »Zickenterror«, »Hilfe, wir sind schwanger!«, »Caveman« und, zusammen mit Oliver Kuhn, »Mein schwuler Friseur«.

Daniel Wiechmann

Schleich di!

Eine herzhafte Liebeserklärung an Bayern

btb

Verlagsgruppe Random House FSC® N001967
Das für dieses Buch verwendete FSC®-zertifizierte
Papier *Lux Cream* liefert Stora Enso, Finnland.

1. Auflage
Genehmigte Taschenbuchausgabe Januar 2016
btb Verlag in der Verlagsgruppe Random House GmbH, München
Copyright © 2013 beim Albrecht Knaus Verlag in der
Verlagsgruppe Random House GmbH, München
Umschlaggestaltung: semper smile, München
Umschlagmotiv: © Vectomart/Shutterstock
Druck und Einband: GGP Media GmbH, Pößneck
MP · Herstellung: sc
Printed in Germany
ISBN 978-3-442-71345-5

www.btb-verlag.de
www.facebook.com/btbverlag
Besuchen Sie auch unseren LiteraturBlog www.transatlantik.de

Vorspiel am Berg

»Du musst in den Schmerz reinatmen.«

Max klopft mir lachend auf die Schultern. »Dann wird's besser. Bis nach oben is scho noch a weng.« Oben, das ist der Watzmann. Seit mehr als drei Stunden steigen wir durch die bayerische Berglandschaft. Und seit einer halben Stunde weist mich eine Blase an der rechten Ferse bei jedem Schritt unmissverständlich darauf hin, dass ich derlei Bergtouren nicht gewohnt bin.

»Max... wie soll ich denn... in den Schmerz reinatmen... wenn ich überhaupt keine Luft mehr kriege?«

Mein Herz rattert in meiner Brust wie eine Nähmaschine. Wie ist das möglich? Ich krieche den Berg im Schneckentempo hoch, fühle mich jedoch, als würde ich den verdammten Berg bauen. Seit uns vor einer Stunde eine Gruppe unverschämt fitter Rentner überholt hat, ist meine Motivation ohnehin im Keller.

»Ah geh, du schaugst no ganz guad aus. I seh des scho, wennsd nimma weida koanst.«

In ruhigen Schritten setzt Max seinen Weg fort. Ich folge ihm und versuche, wie mir geheißen, in den Fersenschmerz hinein zu atmen. Wenn man mit Max unterwegs ist, empfiehlt es sich, auf das zu hören, was er einem sagt. Vor allem dann, wenn man auf einem Weg wandert, an dessen linker Seite ein fünfhundert Meter tiefer Abgrund liegt. Ich versuche es mit Kreisatmung, Schnappatmung und sogar mit der Wunderatmung, die ich vor fünf Jahren im Geburtsvorbereitungskurs gemeinsam mit Francesca gelernt habe. Es hilft nichts. Hat ja auch schon damals bei der Geburt nicht geholfen, das Atmen. Nachdem bei ihr die Wehen künstlich eingeleitet werden mussten, und die Kontraktionsschmerzen aufgrund des Medikamentes nicht erst einmal in sanft schwappenden Wellen, sondern von Anfang an in Tsunamistärke daherkamen, hatte Francesca wütend nach einer PDA verlangt. Die hätte ich jetzt auch gerne. Von wegen in den Schmerz reinatmen! Nur, wo kriegt man in dieser Einöde einen fähigen Anästhesisten her?

Mit jedem Schritt werden die Schmerzen an meinen Füßen unangenehmer: Ich hätte es wissen müssen! Was hätte ich schon anderes – außer Schmerzen – von diesem Berg erwarten können? Schließlich war der Watzmann nach einem tyrannischen König benannt, dessen Lieblingsbeschäftigung es zu Lebzeiten gewesen war, sich am Leid anderer zu weiden. Eine halbe Stunde später machen wir am Watzmannhaus Pause. Die Hütte liegt auf 1930 Metern Höhe. Wir haben erst zwei Drittel des für heute geplanten Weges hinter uns.

»Ich kann nicht mehr«, sage ich zu Max, der in aller Seelenruhe sein Wurstbrot kaut.

»Wie? Du kannst nimma?«, fragt er zurück und puhlt ein Stück Sehne zwischen den Zähnen hervor.

Welches meiner Worte hat er nicht verstanden? »Ich kann halt nicht mehr«, wiederhole ich extra deutlich.

»Ja mei … nur weil du nimma kannst, is des doch koa Grund aufzuhörn!«

»Wieso nicht?«

Es kam zwar häufiger vor, dass ich bei Max nicht genau kapierte, was er mir eigentlich sagen wollte, aber daran gewöhnt habe ich mich immer noch nicht.

»Der einzige Grund aufzuhörn is, dass du nimmer weitergehen mogst«, doziert Max.

Wie bitte? »Ja, leck mich doch mal einer am Arsch«, platzt es aus mir heraus. Mit seiner verflixten bayerischen Logik schafft Max es immer wieder, mich zu irritieren.

»Siegst es, geht doch. Genau des is die richtige Einstellung«, freut sich Max. »So, und jetzt isst erst amol an Apfel. Danach hast auch Appetit auf an Brot.«

Max gibt mir einen Apfel. Offenbar vertraut er mir mehr als ich mir selbst. Der Apfel tut die versprochene Wirkung. Der Brechreiz ist weg. Und dank des Brotes, das danach einfach nur gut schmeckt, komme ich wieder zu Kräften. Max kramt ein Blasenpflaster aus einem Rucksack hervor.

»Kleben koanst selba!«

Gott sei Dank können wir die Rucksäcke in der Hütte lassen. Ein paar Kilo weniger, die ich mit mir herumschleppen muss. Missmutig folge ich Max auf dem Weg zum Hocheck, dem ersten der drei Gipfel des Watzmannmassivs. Mittlerweile klopft mein Herz beinahe verzweifelt gegen meine Brust. Wie ein Gefangener gegen die Zellentür, der es nicht mehr aushält in seinem engen, stickigen Kerker. Zwei Stunden später sind wir auf der nördlichen Spitze des Watzmanns angelangt. Glücklich und erschöpft sitze ich auf einem Stein und schnaufe durch. Mein erster Gipfel! An dem mannshohen schwarzen Gipfelkreuz hängt ein goldener Jesus. Max fordert mich auf, mich neben ihn zu stellen, um ein Foto zu machen. Ich schleppe mich hin und versuche zu lachen.

Obwohl die Fernsicht nicht optimal ist, das Panorama um uns herum ist imposant. Der Horizont verliert sich in hunderten Berggipfeln. Unter uns glitzert das Wasser des Königssees. Er scheint eine kleine Unendlichkeit entfernt. Nachdem mein Atem zur Ruhe gekommen ist und auch mein Herz nicht mehr wie wild in meiner Brust pocht, bin ich überwältigt von der majestätischen Stille, die hier oben herrscht. Es heißt, an einem großen Ort kommen einem große Gedanken – die einzigen

Gedanken aber, die mir durch den Kopf gehen, lauten: Wie um alles in der Welt komme ich hier wieder lebend runter? Und wieso bin ich überhaupt hierherauf gekommen?

1. Kapitel: In welchem ein Berliner eine folgenschwere Entscheidung über einen Umzug trifft und einem Kind eine Überraschung versprochen wird

Neun Monate zuvor:

»Müssen wir wirklich fahren?«

Es war nicht schwer, die Frage in Oskars großen braunen Augen zu lesen. Es brach mir fast das Herz. Für ihn würde der Umzug am schwersten werden. Drei Wochen lang hatten wir alle gemeinsam beratschlagt, ob ich das Angebot, in München für einen Verlag zu arbeiten, wirklich annehmen sollte. Für Francesca, meine Frau, war die Entscheidung einfach gewesen: Die Entfernung zwischen Berlin und Florenz betrug 1400 Kilometer. München dagegen lag »nur« 800 Kilometer entfernt. Die Aussicht, nur noch 800 Kilometer von »La Mamma« entfernt zu leben, weckte den für sie typischen Tatendrang. Am liebsten hätte sie sofort angefangen, die Kisten zu packen. Der Ruf Münchens als nördlichste Stadt Italiens tat ein Übriges. Oskar fiel es dagegen ungleich schwerer, der Stadt den Rücken zu kehren. Schließlich konnte er, wie einst John F. Kennedy, von sich behaupten: »Ich bin ein Berliner.« Er war hier geboren. Gerade erst hatte er sich in seinem Kindergarten so richtig eingelebt und jede Menge nette und auch jede Menge weniger nette neue Freunde gefunden.

Francesca war also für den Umzug. Oskar dagegen. Die Entscheidung lag also ganz allein bei mir. Meine Stimme würde den Ausschlag geben. Und so wie es aussah, würden wir wohl fahren. Ich war es Francesca schuldig. Neun Jahre hatten wir nun schon zusammen in Berlin gelebt, in der Stadt, in der ich groß geworden und aufgewachsen war. Aber war das überhaupt noch meine Stadt? In der Zeit nach dem Mauerfall hatte sich Berlin rasant entwickelt. Vor allem der Ostteil der Stadt, in dem ich aufgewachsen war, war kaum mehr wiederzuerkennen. Überall wurde gebaut, renoviert, jedenfalls dort, wo es sich lohnte. Ständig gab es etwas Neues zu entdecken. Doch es gab Tage, an denen hatte ich das Gefühl, dass ich mit dem Tempo, in dem sich Berlin veränderte, nicht mehr mithalten konnte; dass mir die Stadt und mein Gefühl für sie einfach mit jedem neuen Gebäude verbaut wurden.

Francesca hatte sich von Anfang an mit dem Leben in Berlin schwergetan. Sie war nach ihrem Studium in Italien für ein halbes Jahr in die Stadt gekommen, um mal etwas anderes zu sehen. Wir lernten uns im Kino kennen. Dabei ist »Kill Bill« wahrscheinlich nicht unbedingt der Film, bei dem ein Mann es sich erträumt, die Liebe seines Lebens zu finden.

Sie war wunderschön, saß in der Reihe links vor mir, und spätestens ab der Szene, in der Uma Thurman Lucy Lius Leibgarde, die Verrückten 88, zerlegt, war ich in sie verliebt. Warum? Weil Francesca weder zur anwesenden Fraktion der männerhassenden Kampflesben noch zur Fraktion der schreckhaften Hühner zählte, die bei jedem Blutspritzer ihre Hände in der Brust ihrer Freunde vergruben oder sich mit unterdrückten Schreckenslauten vom Geschehen auf der Leinwand abwandten, das blutiger war als eine Schlachthof-Doku. Francesca wandte sich keine Sekunde lang ab. Offensichtlich war sie eine Frau, die bereit war, dorthin zu gehen, wo's richtig wehtut. Zum Beispiel zu mir!

Ich hatte mich nicht getäuscht. Nachdem ihr halbes Berlin-Jahr rum war, zogen wir zusammen. Ein paar Jahre später kam unser Sohn Oskar zur Welt.

Francesca war mit großen Erwartungen nach Berlin gekommen. Doch Berlin war größer. In den letzten Monaten hatte sie mich immer wieder gefragt, ob ich es mir nicht vorstellen könnte, woanders zu leben. Zuerst hatte ich ihr Ansinnen kategorisch ausgeschlossen. Woanders? Woanders klang für mich wie Mülldeponie. Doch je öfter wir uns darüber unterhielten, desto schwächer wurde meine Verteidigung. Wohl auch wegen meines Gefühls, dass Berlin nicht mehr meine Stadt war. Ganz nach Italien zu ziehen, das konnten wir uns beide nicht vorstellen. Ich, weil ich als Redakteur mit der deutschen Sprache mein Geld verdiente und mein Italienisch-Wortschatz zu siebzig Prozent aus Schimpfwörtern bestand. Francesca, weil sie nicht in ein Land zurückkehren wollte, das von einem Clown regiert wird. Da kamen ihr nur noch die Tränen. Nach langen Diskussionen, die zutage förderten, dass Francesca weder die hanseatische Gründlichkeit noch den rheinländischen Frohsinn schätzte und von Stuttgart nicht einmal wissen wollte, wo es genau liegt, einigten wir uns auf die goldene Mitte zwischen Berlin und dem italienischen Stiefel: München. Ich begann Bewerbungen loszuschicken. Und ich bekam Antworten. Viel schneller, als mir lieb war.

Tja, und nun stand ich da, schaute in die Augen eines Vierjährigen und musste ihm etwas schmackhaft machen, von dem ich selbst nicht wusste, was ich davon zu halten hatte. So war es eben, wenn man im 21. Jahrhundert versuchte, ein sensibler Ehemann und Familienvater zu sein.

»Ja, wir müssen wirklich fahren«, sagte ich zu Oskar. »Und ich verspreche dir, in München, das wird ein richtiges Abenteuer werden.«

»Wiesooo?«

»Ganz einfach, München liegt in Bayern. Und die Bayern sind ein sehr eigenartiges Volk mit sehr merkwürdigen Leuten, die lauter verrückte Sachen anstellen.«

Diese Aussicht ließ ein kurzes Lächeln über Oskars Gesicht huschen. Verrückte Sachen gefielen ihm.

»Verrückte Sachen?«, wollte er wissen.

»Das verrate ich dir jetzt noch nicht. Ich will dir ja nicht die Überraschung verderben. Aber ich kann dir sagen: Es wird spek-ta-ku-lär.«

Gott sei Dank gab sich Oskar mit meiner Antwort zufrieden. Ich konnte förmlich sehen, wie er sich anstrengte, sich allerlei Unfug und Chaos vorzustellen. Das machte er immer, wenn ich ihm ein Spektakel versprach. Es war entschieden. Der Umzug war beschlossene Sache. In vier Monaten würden wir den berühmten Weißwurstäquator überqueren und tatsächlich nach München ziehen. Ich fühlte mich erleichtert und angesichts der bevorstehenden Veränderungen erstaunlich gelassen. Schließlich konnte ich damals noch nicht ahnen, dass mein leichtfertig dahingesagtes Versprechen von verrückten Abenteuern und merkwürdigen Leuten sich als die Untertreibung des Jahres erweisen sollte. Der Umzug nach Bayern sollte unser Leben für immer verändern.

2. Kapitel: In welchem Freunde auf merkwürdige Art miteinander trauern und die Ängste eines Mannes durch Frauenlogik geheilt werden

Die Nachricht des bevorstehenden Umzugs hinterließ bei unseren Freunden dieselbe Wirkung wie der Hinweis, man würde an einer ansteckenden Grippe leiden. Mitleidsbekundungen folgten, und wir erlebten bei vielen eine bis dahin ungewohnte Distanz. Immer wieder bekamen wir zu hören, dass es uns dort »unten« bestimmt gefallen und dass das alles bestimmt »nicht so schlimm« werden würde. Obwohl keiner von unseren Freunden jemals in Bayern gelebt hatte. Außer Thomas. Vor mehr als zehn Jahren hatte er mehrere Monate in München verbracht. Damals hatte er einfach so ziemlich überall eine Weile gelebt, ob in Köln, Hamburg oder eben in München. Thomas kannte sich also aus.

»Und du willst wirklich aufs Dorf ziehen?«, fragte er mich, als wir eines Abends bei einer sehr guten Flasche Wein beieinander saßen.

»Ich ziehe doch nicht aufs Dorf. München ist eine Millionenstadt. Übrigens nach Berlin und Hamburg die drittgrößte, die wir in Deutschland haben.«

»Nicht überall, wo eine Million draufsteht, ist auch eine Million drin! Glaube mir, ich war da. München ist winzig. Und die Leute erst, alles selbstverliebte Konformisten. Ich meine, die Bayern haben vierzig Jahre lang nur CSU gewählt. Edmund Stoiber, lass dir das mal bitte auf der Zunge zergehen, ein Mann wie Edmund Stoiber ist da unten ein Volksheld.«

»Thomas, Berlin hat einen Bürgermeister, der Sekt aus Frauenschuhen trinkt!«

»Hat er doch gar nicht! Das ist ein totaler Mythos. Der Wowi hat damals bei der Bambi-Verleihung nur einen Schuh in der einen Hand und eine Flasche Sekt in der anderen gehalten. Fürs Foto. Und selbst wenn, Sekt aus Frauenschuhen zu trinken, ist immer noch besser, als Maßkrüge im Bierzelt zu stemmen. Du wirst schon sehen, München ist ganz anders. Und Bayern sowieso.«

Stirnrunzelnd schnappte sich Thomas die Weinflasche, die noch zu gut einem Drittel voll war, und goss den verbliebenen Inhalt komplett in sein Glas.

»Den brauchst du ja nicht mehr«, sagte er zu mir. »Du trinkst ja jetzt lieber Bier.«

Nun, die Versöhnung zwischen Berlinern und Münchnern würde wohl noch eine ganze Weile auf sich warten lassen. Die Tatsache, dass die Stadt München in bundesdeutschen Umfragen immer wieder eine sehr hohe Lebensqualität zugesprochen bekam und sogar in internationalen Vergleichen dieser Art nicht selten an Nummer eins geführt wurde, tat der ehrlichen und tief empfundenen Abneigung meiner Berliner Freunde gegenüber der heimlichen Hauptstadt Deutschlands und der bayerischen Lebensart keinerlei Abbruch. Im Gegenteil, in den kommenden Wochen wurden wir immer wieder Zeugen, wie sie sich allerlei Mühe gaben, sich alles Bayerische so richtig schön »herzuhassen«. Sie lästerten über süßen Senf, die Großkotzigkeit des FC Bayern, fragten, ob ich jetzt auch Mitglied im Trachtenverein werden wolle und ob sie mir vielleicht eine Tuba zum Abschied schenken sollten, damit ich in Bayern, so wie alle dort, in einer Blaskapelle mitmachen könne. Mit der Zeit nervten mich die Anspielungen, auch wenn Francesca mir zu erklären versuchte, dass sie mich mit ihren Foppereien eigentlich gar nicht verärgern wollten.

»Non ti preoccupare – mach dir keine Gedanken. Die Neckereien sind ihre Art, dir zu sagen, dass sie traurig sind, dass wir weggehen.«

»Aber warum sagen sie dann nicht einfach, dass sie traurig sind?«

»Na, dit sollteste aba selba am besten wissen, wa!«, äffte Francesca den schnoddrigen Berliner Dialekt nach, den sie noch nie hatte ausstehen können. »Du weißt doch ganz genau, dass ihr Berliner Probleme damit habt, eure Gefühle auszudrücken. Stattdessen versteckt ihr euch hinter eurer berühmten Berliner Schnauze.«

»Aber was ist, wenn sie recht haben? Ich bin nun mal ein Berliner. Berliner hassen Bayern. Das ist nun mal so.«

Francesca lachte mich an und sagte: »Wie kannst du etwas hassen, das du nicht kennst?«

Wenn Francesca mit einer Sache recht hatte, dann war das schon schlimm genug. Ihre Fähigkeit, mit einem einzigen Satz ein Problem in Luft aufzulösen, versetzte mich jedoch immer wieder in Staunen.

»Lernst du so was in den Frauenmagazinen, die du immer liest? Manchmal bist du mir ein bisschen unheimlich.«

Tatsächlich war Bayern mir vollkommen fremd. Unsere Urlaube hatten uns meist nach Italien geführt. Oder ans Meer nach Griechenland und in die Türkei. Für den Gedanken, in Bayern Urlaub zu machen, waren wir wahrscheinlich noch nicht alt genug gewesen. Und ehrlich gesagt, hatte mich Bayern auch nie sonderlich interessiert. Alles, was ich über Bayern wusste, stammte entweder aus Büchern oder Fernsehserien à la »Der Bulle von Tölz«. Doch nun würden München und Bayern unser neues Zuhause sein. Wie kann ich etwas hassen, das ich nicht kenne?

Berliner Schnauze hin, Bayernhass her. Meine Freunde hatten es geschafft, dass ich trotz Francescas Zuspruch zweifelte.

Plötzlich sah ich unserem Umzug nicht mehr nur mit Erleichterung entgegen. Was, wenn meine Freunde am Ende recht hatten? Was, wenn es tatsächlich ein Fehler war, ausgerechnet nach Bayern zu ziehen? Dass München sehr viel kleiner und sehr viel ruhiger war als Berlin, war mir bei meinen Bewerbungsgesprächen ebenso aufgefallen wie die Tatsache, dass die Menschen dort anders tickten als die Berliner. Und dann war da ja auch noch die Geschichte mit der Wohnungssuche, die ich sorgfältig für mich behalten hatte. Die Lacher, für die dieses Erlebnis bei meinen Freunden garantiert gesorgt hätte, wollte ich mir ersparen.

3. Kapitel: In welchem sich die Such- und Fluchgeschichten über den Münchner Wohnungsmarkt leider bewahrheiten und sich eine flüchtige Bekanntschaft als äusserst vorteilhaft erweist

Horrorgeschichten über die Wohnungssuche in München sind Legion. Und mein erster großer Fehler bei unserem Umzug war, dass ich diese Horrorgeschichten als Legende abtat, die sich in der Realität als unterhaltsam-gruseliger Small Talk entpuppen würde. In meiner Naivität hatte ich das Angebot des Verlages, mir bei der Wohnungssuche zu helfen, dankend abgelehnt und war knapp zwei Monate vor unserem Umzug für eine Woche nach München gefahren, um die Sache selbst in die Hand zu nehmen. Bei der Gelegenheit, dachte ich mir, würde ich nicht nur in aller Ruhe nach einer passenden Bleibe Ausschau halten, sondern auch gleich ein bisschen was von der Stadt kennenlernen, die schon bald unsere neue Heimat werden sollte. Nach drei Tagen war es allerdings mit meiner Ruhe vorbei. In der Marktwirtschaft, so hatte ich gelernt, bestimmte das Angebot den Preis. So weit, so gut. Doch in München erlebte ich, wie spannend Marktwirtschaft werden kann, wenn es überhaupt kein Angebot gibt. Der Horror, von dem alle immer erzählten, war nicht nur Wirklichkeit geworden, sondern hatte die schlimmsten Such- und Fluchgeschichten bei Weitem übertroffen. Oder wie man in Bayern zu sagen pflegt: »Hinterher is ma immer g'scheiter, wia ma's vorher bessa macha hätt soin.«

Bereits nach den ersten drei Wohnungsbesichtigungen hatte ich gemerkt, dass es nicht ganz so laufen würde, wie ich mir das gedacht hatte. Zehn, vielleicht zwölf Wohnungen hatte ich mir in einer Woche anschauen wollen. Und unter denen waren sicher drei oder vier, die mir gefallen würden und von denen ich dann eine auswählen konnte. So weit, so schlecht. Denn wer in München nicht in der Lage ist, Fantasiemieten von über zweitausend Euro zu bezahlen, der wählt sich keine Wohnung aus, sondern er wird für die Wohnung ausgewählt. Von einem Makler.

Die Wohnungsvergabe läuft in München für den gemeinen Wohnungssuchenden immer nach dem gleichen, demütigenden und nervlich extrem belastenden Ritual ab: Man meldet sich auf eine Annonce für eine Wohnung, deren Miete viel zu hoch, aber gerade noch bezahlbar ist, und wird wie fünfzig oder sechzig andere Interessenten zu einem Besichtigungstermin geladen. Gäbe es Musik und Bier, und statt der vielen ernsten auch mal ein paar fröhliche Gesichter, könnte man so eine Massenbesichtigung glatt mit einer guten Party verwechseln. Doch die Wohnungssuche in München ist und bleibt eine todernste Angelegenheit. Es soll Menschen geben, die zwei, drei Jahre nach der richtigen Wohnung suchen. Ein Luxus, den sich natürlich nur leisten kann, wer schon eine Bleibe in der Stadt gefunden hat. Alle anderen, wie ich, müssen nehmen, was sie kriegen. Das Erste, was ich mir daher abgewöhnte, war, kein Interesse für eine Wohnung zu haben, selbst dann, wenn sie den Charme eines eiternden Furunkels verströmte und eigentlich nur unter der Bezeichnung »Wohnklo« hätte firmieren dürfen. Das Zweite, worauf ich versuchen musste hinzuarbeiten, war, einen Eindruck beim Makler zu hinterlassen, der über die bei jedem Termin auszufüllende Selbstauskunft, in der man Gehalt und Beruf offenlegte, hinausging. Mir war gleich aufgefallen, dass bei den Besichtigungen die Quote der Frauen, die kurze Röcke trugen, auffallend hoch war. Und nach meiner fünften Wohnungsbesichtigung wusste ich, dass das kein Zufall war, sondern System hatte. Viele Männer trugen Anzug. Sie sahen so aus, als würden sie sehr viel arbeiten und die meiste Zeit ihres Lebens sowieso nicht in ihrer Wohnung, sondern im Büro verbringen. Und wenn man dort auch noch schlafen könnte, ja, dann wären sie wohl gar nicht hier… Jeder versuchte so auszusehen, als ob er ordentlich und leise wäre, das teure neue Parkett nur mit Filzpantoffeln betreten würde und enorm viel Geld hätte. Und wenn ich die Zahlen sah, die mancher bei seinem Gehalt eintrug, dann stimmte wenigstens Letzteres sogar.

Wie die Motten das Licht umschwärmten die an der Wohnung Interessierten den Makler. Jeder lobte, wie schön die Wohnung geschnitten und wie toll sie gelegen sei, und betonte, wie sehr man sich freuen würde, die Wohnung zu bekommen. Da ich mit einem kurzen Rock bei keinem der Makler sehr weit gekommen wäre, versuchte ich dieses Manko mit Quantität wettzumachen. Statt wie ursprünglich geplant ein bis zwei Wohnungen am Tag zu besichtigen, versuchte ich mindestens fünf Termine täglich zu schaffen. Ich hatte mir ausgerechnet, dass bei fünfzig bis sechzig Interessenten die Wahrscheinlichkeit, die Wohnung zu bekommen, bei unter zwei Prozent lag. Nach nur vier Tagen war die Wohnungssuche für mich eine sehr anstrengende Arbeit geworden. Und außer Wohnungen hatte ich zudem nichts von München gesehen. Wenn ich abends ins Hotel zurückkam, hatte ich weder Lust noch Muße auszugehen, um mir die Stadt anzuschauen. Stattdessen suchte ich in Zeitungen und im Internet nach neuen Wohnungsannoncen, die ich in den kommenden Tagen abarbeiten konnte. Am fünften Tag schaffte ich mit sieben Besichtigungen in zehn Stunden einen persönlichen Rekord. Am sechsten Tag bekam ich einen Anruf von einem Makler, dass ich die Nummer zwei auf seiner Liste sei und die Wohnung haben könne, wenn sie der erste Kandidat nicht haben wolle. Der mir Unbekannte griff jedoch zu. Am siebten Tag geschah dann ein Wunder.

Ich hatte einen Besichtigungstermin um zehn Uhr für eine Wohnung in Haidhausen. Ich stand jedoch bereits eine halbe Stunde früher vor der Wohnung, als ein kleiner dicker Mann vor die Haustür trat, mich musterte und fragte:

»San S' weng dera Wohnung da?«

Ich bejahte.

»Sie san aber früh dran, junger Mann!?«, meinte der Mann, der sich als Makler für die Wohnung entpuppte.

»Ich weiß, ich verschätze mich in München immer noch ein bisschen mit den Entfernungen«, entschuldigte ich mich lächelnd.

»Wo san Sie denn her?«

»Aus Berlin.«

Der Makler ging nicht weiter darauf ein, sondern befestigte neben den Klingeln einen Zettel, der darüber informierte, dass die Besichtigung im vierten Stock des Hauses stattfinden würde.

»Eigentlich wollt I no a Kaffe dringa«, wandte er sich an mich. »A, was soll's. Kimmen S' doch scho mit rauf. Dann können S' die Selbstauskunft in Ruhe ausfüllen, bevora wieder die Hölle losbricht.«

Die Wohnung war toll. Vier Zimmer, Altbau, mitten in Haidhausen gelegen, einem sehr lebendigen Viertel mit vielen Shops, Restaurants und Cafés. Das Bad war zwar renovierungsbedürftig, aber über solche Kleinigkeiten, das wusste ich mittlerweile, musste man in München trotz einer Miete von mehr als tausend Euro großzügig hinwegsehen. Was mir jedoch besonders gefiel, war die Atmosphäre der Wohnung. Hier fühlte ich mich einfach wohl und war sicher, dass die Wohnung Francesca und Oskar ebenso gefallen würde. Ordnungsgemäß füllte ich meine Selbstauskunft aus, gab sie dem Makler und nutzte die einmalige Gelegenheit, um ihn zu fragen, ob ich denn sonst noch irgendetwas Bestimmtes tun könne, was eventuell hilfreich sei, um diese Wohnung zu bekommen. Der Makler schaute mich mit großen Augen an.

»Naa, da können S' goar nix mehr machen. Mir san hier in Bayern, und da ham die Dinge a gewisse Ordnung, wissen S'«, erwiderte er seelenruhig und begann meine Selbstauskunft zu lesen.

»Aha, Journalist san Sie? Wo arbeiten S' denn?«

Artig nannte ich ihm den Verlag und die Redaktion.

»Ja, da schau her. Da kennen S' doch sicher den Peter Senftlhuber!«

Und ob ich den kannte. Der Personalchef hatte mich bereits vor ihm gewarnt, bevor er mich nach einem zweiten Bewerbungsgespräch meinen zukünftigen Kollegen vorstellte. Dieses zweite Bewerbungsgespräch war eigentlich gar keines mehr gewesen, sondern eher ein Plaudern über die Firmenkultur, die Inhalte meines künftigen Arbeitsvertrages und die beiden Studiensemester des Personalers in Berlin. Anschließend drehten wir eine Runde durch den Verlag, wobei ich viele Hände schütteln durfte. Unter anderem auch die von Peter Senftlhuber. Und tatsächlich hatten unsere ersten gemeinsamen fünf Minuten gereicht, um zu erkennen, dass Peter Senftlhuber der mit Abstand unbeliebteste Mann in der Redaktion war und dass er gewillt war, alles zu unternehmen, damit sich daran auch ja nichts änderte. Die negativen Schwingungen zwischen ihm und den anderen waren förmlich greifbar.

»Ein Bärlina?!«, hatte er mich angebellt, nachdem wir uns die Hand gegeben hatten. Und gleich nachgesetzt: »So a Zuagroasta wie Sie hat uns grad noch gfehlt!« Eine Sekunde lang hatte er das erschrockene und peinliche Schweigen der Umstehenden genossen und sich dann mit den Worten: »Schließlich ham wir hier jede Menge zu tun«, elegant aus der Affäre gezogen. Und nun stand ich also vor einem mir vollkommen unbekannten Makler, der mich unsanft an diese Begegnung erinnert hatte. Ich wusste nicht recht, wie ich auf die Frage reagieren sollte. Kannte ich Peter Senftlhuber? Ja oder nein? Wenn dieser in der Vergangenheit seinen offensichtlichen Menschenhass auch an dem Makler ausgelebt hatte, konnte ich mir die Wohnung gleich abschminken. Wenn die beiden jedoch so etwas wie Freunde wären, was durchaus sein könnte, wäre es nicht schlecht, Peter Senftlhuber zu kennen. Ich beschloss, die Frage möglichst neutral zu beantworten:

»Der Herr Senfthuber? Aber ja, wir *kennen* uns«, sagte ich und betonte dabei das Wort »kennen« so stark, dass es einerseits bedeuten konnte, dass der Peter und ich die dicksten Freunde wären, andererseits aber auch, dass ich um die Existenz jenes Peters zwar weiß, ihn jedoch für einen ganz schlimmen Schlawiner halte.

»Wieso sogn S' ned glei, dass Sie an Spezl vom Peter san«, tadelte mich der Makler. »Da hätn ma uns des Geschreibe ois spoarn kenna. Wissen S', der Peter und i sind schon zusammen in die Schul ganga und gehen a heut no imma mal wieder oanen tringn. Also, wenn S' mögn, kriegen S' die Wohnung.«

Halleluja! Ich war fassungslos. Ich hatte zwar keine Ahnung, was genau ein Spezl war, aber wenn es bedeutete, dass ich endlich eine Wohnung gefunden hatte, dann war ich gerne ein Spezl. Selbst von einem mir so unsympathischen Menschen wie Peter Senftlhuber.

Zwei Stunden später rief ich Francesca an: »Ich habe eine Wohnung gefunden!«

»Finalmente! Endlich. Und, ist sie schön, oder müssen wir weitersuchen, wenn wir erst mal in München sind?« Meine dramatischen Schilderungen von der schwierigen Suche hatten bei ihr offenbar Eindruck hinterlassen.

»Nein, die Wohnung ist schön. Da können wir bleiben«, sagte ich und fügte stolz hinzu: »Mein Spezl, der Peter Senftlhuber, hat sie mir besorgt.«

»Was ist ein Spezl? Und wer ist dieser Peter?«

»Spezln sind wichtig. In Bayern muss jeder welche haben. Sonst ist man aufgeschmissen. Wie in der Wüste ohne Wasser. Du musst dir unbedingt auch welche besorgen, wenn wir erst mal hier sind. Wirste sehen! Und der Peter, das ist ein Kollege von mir. Der unsympathischste in der ganzen Redaktion. Ich glaube, du würdest stronzo zu ihm sagen.«

»Aber wieso besorgt er dir dann eine Wohnung?«

»Tja, dass funktioniert in München nun mal so«, erklärte ich wichtigtuerisch.

»Mmmh, ich glaube, es ist Zeit, dass du dich ins Flugzeug setzt! Kaum bist du eine Woche allein in München, fängst du an, komisches Zeug zu erzählen. Ach, und ›stronzo‹ ist ein sehr schlechtes Wort. Das solltest du besser nicht benutzen.«

»Dann hättest du es mir nicht beibringen dürfen.«

»Ich hab es dir nicht beigebracht. Du hast es mir abgelauscht.«

»Dann musst du beim Schimpfen eben besser aufpassen.«

»Muss ich nicht. Ich bin eine Italienerin. Ich hab das Recht zu schimpfen. Wann immer ich will … Komm nach Hause.«

Erleichtert fuhr ich zwei Tage später zurück nach Berlin. Durch die Wohnungssuche hatte ich einen ersten Einblick in das komplizierte bayerische Spezlsystem bekommen. Es sollte nicht mein letzter sein. Denn schließlich hält dieses System nicht nur den Münchner Wohnungsmarkt, sondern den gesamten Freistaat zusammen und am Laufen.

Exkurs: In welchem die Funktionsweise des Spezl-wesens näher erläutert wird und der Leser erfährt, wie wichtig es im Leben ist, den richtigen Architekten für den Bau seines Hauses zu finden

In München kennt wirklich jeder jeden. Businesstrainer für Networking-Seminare haben hier mit den gleichen Schwierigkeiten zu kämpfen wie Melonenbauern in der Wüste. Das Netzwerken steckt den Münchnern im Blut. Ich konnte von Glück sagen, dass ich eine Wohnung gefunden und bereits einen Job in der Tasche hatte. Normalerweise, wenn in einem Unternehmen eine Stelle frei wird, dann fragen zuerst sämtliche Mitarbeiter ihre Freunde und Bekannten, ob sie nicht jemanden kennen würden, der sich für den Job interessiert. Oder aber sie holen gleich ihre Freunde und Bekannten mit ins Boot. Dabei spielt es augenscheinlich keine Rolle, wie sehr man miteinander befreundet ist. Oder ob man sich wirklich gut kennt. Nicht einmal Sympathien sind für eine Empfehlung vonnöten. Im Gegenteil, oft genug werden Leute empfohlen, von denen der Empfehlende bis dahin nur schlecht geredet hatte. Kompetenz ist ebenfalls nicht das ausschlaggebende Kriterium für eine Empfehlung, denn es geht um die Empfehlung an sich. Das bayerische Spezlwesen beruht nicht etwa auf gegenseitiger Zuneigung oder Wertschätzung, sondern einzig und allein auf der Anzahl der gesammelten und der eingeforderten Gefallen. Schließlich weiß man ja nie und begegnet sich immer zweimal im Leben. Je mehr Gefallen man gewährt, desto dichter gewebt sind die Verstrickungen, die einen in Zeiten der Not am freien Fall hindern. Und darum geht es. Wenn man diese Regeln kennt, dann verwundert es einen überhaupt nicht mehr, dass es in Bayern so viele Personen in wichtigen Ämtern gibt, die beim Stöckchentest schlechter als ein Orang-Utan abschneiden würden. Der Orang-Utan hatte halt einfach das Pech, nicht die richtigen Leute zu kennen. Sonst säße er heute nicht im Tierpark Hellabrunn im Käfig, sondern im Vorstand einer bayerischen Bank. Dass Leute wie ich trotzdem eine Chance auf einen Job in München haben, liegt an immer wieder auftauchenden Anomalien im Spezlnetzwerk. Entweder sind gerade alle Spezln mit Arbeit versorgt, im Urlaub oder wechselten ihren Telefonanbieter, weshalb sie für unbestimmte Zeit aus dem allmächtigen Netzwerk ausgeklinkt waren.

Aber ist Bayern deswegen mit einer durch und durch korrupten Bananenrepublik vergleichbar? In der Günstlingswirtschaft und Bestechung an der Tagesordnung sind? Mitnichten! Auf keinen Fall darf man den Spezlgefallen mit Bestechung gleichsetzen. Der Spezlgefallen ist vielmehr ein Akt reinen Wohlwollens. Ein Beispiel: Nehmen wir einen beliebigen Bayern namens Jackl. Eigentlich heißt der Jackl Jakob, aber das weiß außer ihm und seiner Geburtsurkunde sonst niemand mehr. Ein in Bayern weit verbreitetes Phänomen.

Ebenjener Jackl will bauen. Ein Haus. Dafür braucht er eine Genehmigung. Doch genau da liegt das Problem. Der Jackl bekommt nämlich keine. Sein Bauantrag wurde nicht etwa abgelehnt, nein, über seinen Bauantrag wurde einfach nicht entschieden. Immer und immer wieder schreibt der Jackl Briefe ans zuständige Bauamt, wann er denn mit dem Entscheid rechnen könne. Und was geschieht? Nichts. Er schreibt aber nicht nur Briefe, sondern auch E-Mails. Das Amt ist, wie der Jackl auch, schließlich modern! Und was geschieht? Nichts! Das geht so lang, bis der Jackl endlich sein Telefon in die Hand nimmt und im Bauamt anruft. Vier Tage später hat er einen Termin bei dem für seinen Antrag zuständigen Sachbearbeiter.

Ein sehr freundlicher ruhiger Mann. Man redet ein bisschen über das Wetter, den steigenden Bierpreis und die neue Verkäuferin in der Metzgerei Vogel. Schließlich kommt man auch auf den Bauantrag zu sprechen und auf die Frage, warum über diesen noch nicht entscheiden sei. Der freundliche und ruhige Sachbearbeiter erklärt dem Jackl, dass es nun mal leider ein bisschen dauern könne. Mal ginge es langsamer mit den Baugenehmigungen und mal schneller. Klar, dass der Jackl gerne wissen will, wovon es den abhänge, dass die Genehmigung schneller erteilt wird. Auf diese Frage bekommt der Jackl keine Antwort. Stattdessen will der freundliche und ruhige Sachbearbeiter wissen, ob der Jackl denn einen guten Architekten für das Projekt habe. Der Jackl wundert sich ein wenig über die Frage, da doch schließlich sein Architekt in dem Bauantrag vermerkt ist. Doch er behält seine Verwunderung für sich, was gegenüber Beamten, die merkwürdige Dinge tun, niemals eine schlechte Entscheidung ist. Der freundliche und ruhige Sachbearbeiter gibt dem Jackl eine Visitenkarte und meint, er würde einen Architekten kennen, von dem er glaube, dass er für Jackls Bauvorhaben genau der richtige Mann sei. Er selbst würde den Architekten gut kennen. Schließlich habe dieser auch sein Haus geplant. Und obendrein sei dieser Architekt nicht einmal teuer. Natürlich hat der Jackl sofort bei diesem Architekten angerufen, festgestellt, dass das wirklich kein schlechter Mann ist und günstig obendrein. Also trennt sich der Jackl von seinem alten Architekten, stellt einen neuen Bauantrag und siehe da: Eine Woche später hat er seine Baugenehmigung. Wurde in dieser Geschichte jemand bestochen? Nein, es wurde ja kein Geld ausgetauscht, sondern lediglich Informationen.

4. Kapitel: In welchem Rotwein den Gedankenaustausch zweier Männer enthemmt und so erstaunliche Vorurteile über den Freistaat Bayern zutage treten

In den Wochen, in denen wir unseren Umzug vorbereiteten, mischte sich zu meinen Zweifeln eine immer größer werdende Spannung. Ich hatte die Wohnungssuche in München böse unterschätzt. Was, wenn nach unserem Umzug weitere unangenehme Überraschungen auf uns warteten? Was, wenn ich die Bayern und das Bayerische an sich unterschätzt hatte? Was, wenn Bayern wirklich das Land der begrenzten Unmöglichkeiten war? Nicht umsonst gilt der Freistaat als das Texas Deutschlands. Erzkonservativ. Verbissen gegenüber Fremden. Seit Jahren war mit der CSU in Bayern eine Partei an der Macht, die jede noch so dreiste Affäre scheinbar unbeschadet überstehen konnte und immer wieder in die Regierungsverantwortung gehoben wurde. Menschen, die sich derlei gefallen ließen und tolerierten, waren meiner Meinung nach nicht ganz richtig im Kopf. Oder Italiener. Kein Wunder, dass viele Menschen denken, der letzte Regierungswechsel in Bayern habe 1933 stattgefunden. Wenigstens wurde München von der SPD regiert. Was man auch nicht unbedingt gut finden musste, aber was immerhin ein Zeichen dafür war, dass die Demokratie in Bayern nicht ganz verloren ist.

Gott sei Dank hatte ich mich mit Thomas wieder versöhnt. Um seine Trauerarbeit zu beschleunigen, hatte ich ihm eine Flasche eines sündhaft teuren spanischen Rotweins geschickt. Mit durchschlagendem Erfolg. Jetzt saßen wir, mein Geschenk und zwei weitere Weinflaschen später, bei ihm zu Hause und waren wieder ein Herz und eine Seele.

»Von außen betrachtet, sind die Bayern schon ein merkwürdiges Volk«, begann Thomas zu dozieren.

»Stimmt, am krassesten finde ich diesen klobigen Akzent, der so klingt, als hätte jeder von denen einen Schäferhund verschluckt, der aus dem Bauch noch nachbellt«, pflichtete ich ihm mit schwerer Zunge bei. »Mia san mia!«, bellte ich hinterher.

»Sehr richtig beobachtet, mein Bester. Doch was mir an deiner Stelle noch mehr Sorgen bereiten würde, ist dieser Lederhosen-Fetisch. Ich sage dir, wenn in Bayern die Lichter ausgehen …« Thomas überließ es meiner Fantasie, mir vorzustellen, was in Bayern passiert, wenn die Lichter ausgehen. »Weißt du, was ich mich allerdings sehr häufig frage?« Thomas schaute mich durchdringend an.

»Nein.«

»Ich fragte mich, wie es dazu kommen konnte, dass ausgerechnet der undeutscheste Flecken Deutschlands – also Bayern – es geschafft hat, zu einem Aushängeschild deutscher Kultur zu werden. Als ich vor drei Jahren in Brasilien war, beispielsweise … Jedem, dem ich enthüllte, ich sei Deutscher, grinste mich debil an, klopfte mir fröhlich auf die Schulter und rief laut: ›Ah, Deutschland: Oktoberfest, FC Bayern, gut Bier!‹ Normalerweise hätte ich jedem von denen einen reinhauen müssen. Ich meine, das war doch schließlich eine übelste Beleidigung meiner Person!«

»Stimmt. Ich fände für solche Leute auch ein dreimonatiges Überlebenstraining in Berlin-Marzahn, Köln-Nippes oder Hamburg-Billstedt als Strafe angemessen. Damit sie sich mal aus nächster Nähe von deutschen Realitäten überzeugen können.«

»Genau. Zwei Wochen als Aushilfslehrer an der Rütlischule, für jeden Ausländer, der jodelt, wenn er erfährt, dass du Deutscher bist.«

»Können Brasilianer jodeln?«

»Ein paar haben auch das versucht. Es hat geklungen, als wäre jemand einer Katze auf den Schwanz getreten. Aber lenk nicht vom Thema ab!« Thomas hob mahnend seinen Zeigefinger. »Ich meine das ernst: Wie um alles in der Welt haben die Bayern das gemacht? Der Welt glauben zu machen, dass wir Deutschen am liebsten jodelnd Bier trinken, dazu Sauerkraut-Bratwurst-Burger essen und uns beim Tanzen auf hirschlederne Hosen klopfen? Wie kann eine Kultur die Welt erobern, die sich selbst der Welt nicht öffnet? Ich meine, wenn in der Öffentlichkeit das Thema Zuwanderung diskutiert wird, sind es doch die bayerischen CSU-Politiker, die am lautesten schreien. Daheim ist eben daheim. Die Bayern in Bayern und Zuwanderer in Zuwanderistan.«

»Stimmt, wenn man es so betrachtet, dann hat die Tatsache, dass die bayerische Kultur die Weltmeinung über uns Deutsche so erfolgreich prägt, etwas Unheimliches.«

»Genau! Denn eigentlich machen die gemütlichen Bayern nicht gerade den Eindruck, als hätten sie ein Interesse – geschweige denn die Vitalität –, die Welt kulturell zu erobern. Ich meine, ich erkenne da keinen offensichtlichen missionarischen Eifer. Da muss irgendeine ganz große Verschwörung der Bayern im Verborgenen laufen!«

»Sie haben versucht, uns mit Franz Josef Strauß und Edmund Stoiber zwei wirklich merkwürdige Gestalten als Kanzler unterzujubeln!«, versuchte ich Belege für das usurpatorische Wesen der Bayern zu liefern.

»Aber diesen Griff nach der Macht, den konnte wir ja erfolgreich abwehren. Und der Gerechtigkeit halber möchte ich sagen, dass sympathische Politiker, ob nun aus Bayern oder nicht, insgesamt nur an einer Hand abzuzählen sind.«

»Was ist mit Hitler?«

»Wir sollten geschichtlich schon genau bleiben. Ich meine, ein Österreicher, wenn er nach Deutschland einwandert, muss zwangsläufig an München vorbei. Dass die Stadt dann auch gleich zur Hauptstadt der Bewegung wurde … Nun ja, so fair sollte man selbst den Bayern gegenüber sein: Der Nationalsozialismus war ein gesamtdeutsches, kein bayerisches Problem.«

»Okay! Aber da gibt es noch diesen zwanghaften Wahn, ständig die deutsche Fußballmeisterschaft gewinnen zu müssen.«

»Vielleicht. Aber wieso reden wir jetzt über Fußball? Wir haben doch eben noch über etwas ganz anders gesprochen … Ich habe nur vergessen, über was.« Thomas schaute apathisch zur Decke, als würde er nachdenken.

»Wir haben darüber gesprochen, dass die bayerische Kultur die Meinung über uns Deutsche in der ganzen Welt entscheidend prägt und dass wir keine Ahnung haben, warum das so ist«, half ich ihm auf die Sprünge.

»Genau! Das ist doch unheimlich, oder?« Thomas' Mund wusste noch nicht, dass sein Gehirn bereits schlafen gegangen war.

»Das sagtest du bereits!«

»Was sagte ich bereits?«

»Dass die Stärke der bayerischen Kultur unheimlich sei.«

»Genau! Hast du denn gar keine Angst davor? Dass du einfach assimiliert wirst. So wie es die Borgs in Raumschiff Enterprise mit jedem gemacht haben, dem sie begegneten?!«

»Du meinst, die Bayern injizieren mir eine Nanosonde, und ich verwandle mich in einen von ihnen?«

»Ja … das finde ich übrigens eine sehr interessante Theorie. Das würde nämlich auch erklären, warum die Bayern alle so gleichgeschaltet sind.«

Zwei Minuten später war Thomas auf seinem Sessel eingeschlafen. Auf dem Nachhauseweg fragte ich mich, ob er recht haben könnte. Ein bisschen was Unheimliches, Sektiererisches haftet den Bayern ja schon an. Andererseits: Muss man Angst haben vor einem Volk, zu dessen Berühmtheiten Personen wie Uschi Glas oder Ottfried Fischer zählten? Ich jedenfalls würde keine Angst haben. Und die vielgepriesene bayerische Gemütlichkeit ging mir am Allerwertesten vorbei. Ich empfand sie als rückwärtsgewandt. Es war mir wirklich ein Rätsel, wie die Bayern es mit ihrem ambivalenten Image geschafft hatten, ihr Bundesland zu einem beliebten Urlaubsziel zu machen. Aber ich würde es ja bald herausfinden. Vorerst redete ich mir ein, dass sich die vielen Vorurteile über die Bayern zwar von einer wahren Wurzel nährten, aber eben längst nicht die ganze Wahrheit waren. So schlimm würde es im bayerischen Kuriositätenkabinett schon nicht werden.

Es ist ja auch nicht so, dass jeder Berliner bunte Haare, einen Schäferhund und keinen festen Wohnsitz besitzt.

5. Kapitel: In welchem die neuen Hausbewohner in München bei einem Berliner für ausgesprochen wirre Träume sorgen

»Grüß Gott, san Sie die Neuen? Vierter Stock, gell? I bin die Frau Pschierer. I wohn im dritten.«

Eine freundliche ältere Dame musterte uns und unsere Möbel mit neugierigem Blick. Sie versteckte ihre ausladenden Hüften unter einem Kleid mit einem bunten Blumenmuster, darüber trug sie noch eine rote Strickjacke. Ihr lockiges Haar guckte unter einem Kopftuch hervor. Um ihren Hals hingen mindestens acht Ketten, die, sobald sie sich bewegte, aneinanderklackerten. Eine lebende Rumbarassel in Bunt. Ich stellte die Bananenpflanze, die ich gerade hinauftragen wollte, ab und gab ihr die Hand. Oskar flitzte in den Hausflur und sprang auf den Treppen herum.

»Guten Tag, sehr angenehm, Frau Pschierer, Wiechmann mein Name. Sie haben recht, wir sind die Neuen. Der kleine Krachmacher ist unser Sohn Oskar… Oskar, komm doch mal her.«

Missmutig trabte Oskar an. »Meine Frau ist gerade oben«, stellte ich ihr auch den Rest der Familie vor.

»Was für a netter Bua!« Frau Pschierer strich Oskar durch die Haare, der wie gewohnt skeptisch auf die körperliche Zuwendung Fremder reagierte.

Sie ignorierte sein Schmollen. »Wie alt bist du denn?«

»Vier«, presste Oskar zwischen seinen Lippen hervor.

»Wie herzig. Sog amoi, magst du gern Kuchen?«

»Mmmmh.«

»Wennsd moagst, kannst gerne amoi mit deinen Eltern

bei mir vorbeischauen, und i mach uns oan leckeren Kaiserschmarrn, gell?« Frau Pschierer sah aus, als würde sie Oskar am liebsten gleich in ihre Wohnung verschleppen, um ihn dort mit Süßigkeiten und Gebäck zu mästen.

Wieder an uns gewandt, flüsterte sie verschwörerisch: »Passen S' beim Hinauftragen bloß auf mit Ihren Sachen. Wenn der Rieger Schorsch einen Kratzer an der Wand oder auf dem Treppengeländer findet, wird er Sie's zahlen lassen. Der oide Grantler tut sich immer gern a bisserl aufmandln.«

Rieger Schorsch? Grantler? Aufmandln? Ich verstand kein Wort.

»Aha? Und wer ist denn dieser Rieger Schorsch.«

»Des bin i«, meldete sich eine dröhnende Stimme.

Ich spürte ein Frösteln. Als hätte sich eine Wolke vor die Sonne geschoben, wurde es plötzlich dunkel im Hausflur. Aber es war keine Wolke, sondern nur der massige Körper eines Mannes, der in der Haustür aufgetaucht war und diese beinahe vollkommen ausfüllte, sodass kaum noch Tageslicht in den Flur hineinfiel.

»I bin hier der Hausmeister.«

»Ach, der Herr Rieger. Grüß Sie Gott.« Frau Pschierer hatte es plötzlich eilig. »So, jetzt ziehn S' erst amoi in Ruhe ei. Und wenn S' Fragen haben oder was brauchen, können S' jederzeit bei mir klingeln. Fürtena.«

Mit federnden Schritten, die so gar nicht zu ihrer barocken Körperform passen wollten, huschte sie die Treppe hoch. Weg war sie. Und wir allein. Mit Georg Rieger, dem Mann, der selbst die Sonne in die Knie zwingen konnte. Er trug einen Lodenjanker und eine graue Hose, die in schmutzigen schwarzen Stiefeln steckte. An seinem Körper hingen drei, vier Taschen, und auf seiner Brust baumelte ein Fernglas. Mit seinen kleinen Knopfaugen und der spitzen Nase und ebensolchen Ohren sah er aus wie ein Mensch gewordener Pitbull. Statt Augenbrauen schien sich Georg Rieger zwei Schuhbürsten an die Stirn genagelt zu haben. Dagegen sah Theo Waigel glatt gezupft aus. Wenn man von Typen sprach, denen man nachts in einer dunklen Straßenecke lieber nicht begegnen wollte, dann meinte man Typen wie Georg Rieger. Mit dem wichtigen Unterschied, dass man einem wie Georg Rieger auch tagsüber nicht unbedingt begegnen wollte.

»Hallo! Schön, Sie kennenzulernen«, log ich. »Kommen Sie vom Angeln?« Ich zeigte Richtung seiner Schulter, über der er ein längliches Futteral trug.

»Naa, von der Jagd.«

Na wunderbar, wir wohnten mit einem Jäger zusammen unter einem Dach. Einem Mann, der in seiner Wohnung ein Gewehr aufbewahrte. In meinen Gedanken sah ich Oskar damit bereits Amok laufen. Keine Ahnung, warum, aber seit ich Vater war, hatte ich sehr oft Gedanken an plötzlich hereinbrechendes Unglück. So unwahrscheinlich es auch sein mochte. Die dröhnende Stimme Georg Riegers holte mich in die Wirklichkeit zurück.

»Sie sollten besser auf des hörn, was die Frau Pschierer gsogt hat. Wenn S' mit Ihrem Zeug da des Treppenhaus kaputt machen, muss ich des fei der Hausverwaltung melden. Und sogn S' Ihrem Bua gleich, dass er net auf den Treppen rumspringen soll. Den Krach will i net hörn.«

Ohne ein weiteres Wort zu verlieren, schleppte Georg Rieger sich, seine Siebensachen und das eine oder andere Pfund Übergewicht die Stufen ins Hochparterre hinauf, fingerte seinen Schlüssel aus einer der Taschen und verschwand. Krachend fiel die Tür hinter ihm ins Schloss. In der Pariser Straße schien wieder die Sonne. Das also war unser neues Zuhause. Wenn ich es richtig mitbekommen hatte, dann hatte ich gerade eine ungefähre Vorstellung davon bekommen, wie es um den Himmel der Bayern – die liebevolle Oma Pschierer – und die bayerische Hölle – Blockwart Georg Rieger – bestellt ist. Und wir wohnten mittendrin. Halleluja!

Beim Abendessen berichtete ich Francesca ausführlich von meiner unheimlichen Begegnung und von Frau Pschierer.

»Die Frau Pschierer ist drollig. So eine Mischung aus Else Kling… Erinnerst du dich? Die Putzfrau aus der ›Lindenstraße‹… und den Jacob Sisters.«

»Else Kling? Du meinst, sie ist neugierig? Das finde ich nicht schlimm. Ich bin auch neugierig. Aber wer sind die Jacob Sisters?«, wollte Francesca wissen.

»Die Jacob Sisters haben so was Plüschiges. Du musst dir mal Volksmusik-Sendungen in der ARD oder im ZDF angucken. Da treten die immer auf. Da weißt du sofort Bescheid.«

»Ahh, sind das Sängerinnen?«

»Ja, und tanzen tun sie auch!«

»So wie die ballerine, die Mädchen bei uns im Fernsehen?«

Die ballerine sind eine Eigenart des italienischen Fernsehens. Francesca hatte mich darüber aufgeklärt. Egal, um was für eine Sendung es sich handelt, Sport, Politik, Rateshow – immer kann es dir passieren, dass für Sekunden auch einige halb nackte Tänzerinnen in der Sendung untergebracht sind. Die Qualität dieser Tanzeinlagen ist zwar meist ebenso dürftig wie die verbliebene Bekleidung der Damen, aber daran stört sich niemand. Im Gegenteil, es entspannt die Italiener anscheinend, wenn es neben den endlosen Diskussionen schnell auch mal ein bisschen nackte Haut zu gucken gibt. Ich hatte mich darüber gewundert, aber Francesca sagte, dass das ganz normal sei und dass viele kleine Mädchen in Italien davon träumen, später eine ballerina zu werden. Es gibt sogar eine Sendung, die das Treiben um die Tänzerinnen zum Kult erhoben hat. In der Sendung »Striscia La Notizia«, einer beliebten Nachrichten-Comedy, werden jedes Jahr zwei neue Tänzerinnen, die sogenannten veline, gekürt. Ein Riesenspektakel. Ich stellte mir vor, wie die Jacob Sisters im knappen Bikini auf den Moderatorentischen von »Striscia La Notizia« tanzten. Die Italiener wären mit Sicherheit erregt.

»Nein, die Jacob Sisters dürfen nicht im italienischen Fernsehen auftreten«, sagte ich zu Francesca.

»Wieso nicht?«

»Na, weil sie eher einen bayerischen Body-Mass-Index haben.« Mit meinen Händen formte ich den ungefähren gemütlichen Körperumfang, den Frau Pschierer mit den Jacob Sisters teilte. Francesca lachte und wies darauf hin, dass, wenn ich Pech hätte, eine ebensolche Zukunft vor ihr liegen könnte.

Am Abend rief mich Thomas an, um zu erfahren, wie unser Umzug gelaufen war.

»Und, wie is es da unten, bei den Seppeln?«

»Schon ein bisschen anders. Stell dir vor, ich wohne in einem Haus zusammen mit dem Mann, der Bambis Mutter erschossen hat!«

»Wieso das denn?«

»Unser Hausmeister ist ein Jäger.«

Thomas kriegte sich nicht mehr ein vor Lachen.

»Das geschieht dir recht. Hoffentlich erschießt er dich eines Tages, weil du mit schmutzigen Schuhen die Treppe hochgelaufen bist.«

»Freu dich bloß nicht zu früh. Wenn du zu Besuch kommst, lebst du hier genauso gefährlich wie ich.«

In der Nacht schlief ich unruhig. Ein wirrer Traum. Ich sitze auf einem Stuhl. Mit einer riesigen Posaune im Schoß. Schorsch Rieger steht hinter mir. Mit seinem Gewehr in der Hand. Frau

Pschierer und Francesca sind auch da. Sie essen Apfelstrudel. Ich muss auf der Posaune spielen, sonst wird etwas Furchtbares passieren. Ich weiß nicht, was, aber es ist etwas, vor dem ich mich fürchte. Meine Hände schwitzen. Ich blase. Mit aller Kraft. Ich kann dem Instrument nicht einmal ein Krächzen entlocken. Ich blase weiter. Mir wird schwindlig. Hyperventilation. Bäume fliegen an mir vorbei. Ich sitze auf dem Rücken eines Hirsches, der in schnellen Sprüngen durchs Unterholz springt. Hinter mir höre ich ein Knacken. Ich drehe mich um. Schorsch Rieger hat den Hirsch im Visier. Ich will abspringen. Ich kann meine Beine nicht bewegen. Schorsch Rieger legt an. Meine Zeit ist abgelaufen. Um mich herum ist es dunkel. Finstere Nacht.

»Was hast du?«, fragte mich Francesca, noch halb im Schlaf. Sie dreht sich um, mit dem Rücken zu mir. Ich schmiegte mich an sie. Ja, was habe ich eigentlich? Ich wusste es nicht.

6. Kapitel: In welchem die Bayern ungemein zügig mit dem Assimilationsprozess eines zugereisten Berliners beginnen. Ob der das nun will oder nicht

München nennt sich ja selbst auch gerne Weltstadt mit Herz. In meinen ersten Wochen in der bayerischen Landeshauptstadt lasen sich diese Worte für mich wie die Beschreibungen eines Urlaubsortes im Reisekatalog. »Ihr landestypisch eingerichtetes Zimmer liegt nur fünfzehn Minuten vom naturbelassenen Strand entfernt.« Übersetzt heißt das, dass man in seiner Unterkunft eine rudimentäre bis gar keine Einrichtung vorfinden wird. Was aber nicht so schlimm ist, da man ja ohnehin vorhat, den ganzen Tag am Strand zu liegen. Den man in fünfzehn Minuten erreicht. Wenn man vor dem Hotel eine startbereite Boeing 747 stehen hat und keinen klapprigen Mietwagen. Aber wenigstens ist der Strand naturbelassen, will heißen: Er wurde seit Jahren nicht mehr sauber gemacht, und niemand kümmert sich darum.

Weltstadt mit Herz bedeutete für mich erst einmal übersetzt, dass München unfassbar klein ist. In Berlin ist man vom Zentrum nach Spandau eine gute Dreiviertelstunde unterwegs, ohne jemals die Stadt zu verlassen. In München schafft man es in derselben Zeit mit der S-Bahn über die Dörfer bis an den Starnberger See oder bis nach Herrsching an den Ammersee. Und wenn der Wind günstig steht, dann riecht es in München sogar manchmal nach Kuh. Die kurzen Wege in München, das Überall-zu-Fuß-Hinlaufen oder das In-zwanzig-Minuten-da-Sein, all das hat zwar seinen Reiz, doch es fühlte sich für mich erst einmal komisch an. So gar nicht nach Weltstadt. Zumal München nicht nur keine Ausmaße einer Weltstadt besitzt, sondern seine Einwohner sich auch im zwischenmenschlichen Bereich eher dörflich statt weltbürgerlich verhalten. Es dauerte gerade mal zwei Wochen, und ich wurde beim Bäcker und in dem kleinen Obst- und Gemüseladen um die Ecke mit Namen begrüßt. »Grüß Gott, Herr Wiechmann!« Noch immer ließ mich die bayerische Begrüßungsformel erschauern. Ich selbst brachte sie nicht über die Lippen. Doch meinem fröhlich zurückgeschmetterten »Hallo« wurde stets mit einem ernst gemeinten Lächeln begegnet. Die Damen und Herren in den Geschäften freuten sich ganz offensichtlich über ihre Kundschaft. Selbst wenn sie zugereist war, so wie ich. Das hinderte die Verkäufer natürlich nicht, mir meine ersten Lektionen zu erteilen. Bayerisch für Anfänger gewissermaßen.

Wenn ich beim Bäcker etwa sechs Brötchen bestellte, schnappte sich die Verkäuferin eine Tüte und sagte laut und verständlich. »Sechs Semmeln, der Herr. Die Kaiser- oder die Baguettesemmeln?«

Auf so eine Frage konnte ich schlecht mit »Die Kaiserbrötchen, bitte«, antworten. Also fügte ich mich, bestellte die Kaisersemmeln und war – schwupps, ob ich nun wollte oder nicht – bereits ein Stück bayerischer. Wie gemein! In Bayern, das merkte ich schnell, integrierte man sich nicht selbst, man wurde integriert. Ich hatte mir insgeheim vorgenommen, die bayerische Diktatur der spießigen Gemütlichkeit mit meinem Berliner Freigeist langsam, aber sicher auszuhöhlen, das System von innen zu untergraben. Doch mein ehrgeiziger Plan war wohl nicht so leicht in die Tat umzusetzen. Ich nahm es sportlich. Hieß es nicht immer, dass nur derjenige, der seinen Feind wirklich kennt, ihn letztlich besiegen kann? Es war vielleicht gar nicht so schlecht, sich ein Stück weit auf die hiesigen Gepflogenheiten einzulassen.

So wie Francesca. »Piccolo e compatto« – klein und kompakt, freute sie sich über die Ausmaße Münchens und die familiäre Atmosphäre im Viertel. Mir allerdings kam die Befürchtung, dass mein Freund Thomas mit seiner Bemerkung über das Millionendorf vielleicht doch recht haben könnte.

Und Oskar? Der erweiterte seinen Wortschatz in den ersten Wochen auf dem Spielplatz um Begriffe wie »Watschn«, »bazn« und »Zipfelklatscher«. Es dauerte ein wenig, bis ich herausgefunden hatte, was sich hinter diesen seltsamen Worten verbarg. Den Begriff »Watschn« benutzten die Kinder offenbar, wenn sie sich gegenseitig Schläge, sprich Ohrfeigen, anboten. Mit dem »bazn« war das Herumkleckern beim Spielen mit Schlamm und Wasser gemeint. Und dass es sich bei letzterem Begriff nicht etwa um einen traditionellen bayerischen Tanz, sondern tatsächlich um die Bezeichnung für einen Mann handelte, der selbst Hand an sich legt, erfuhr ich gottlob erst, als es schon viel zu spät war, sich darüber Gedanken oder gar Sorgen zu machen.

Neben der Größe Münchens war es vor allem die Geschwindigkeit der Stadt, die mich irritierte. München ist eine Schnecke.

Jede Stadt hat ihr eigenes Tempo. Man kann dieses Tempo an den Menschen ablesen. Daran, wie schnell sie laufen, wie schnell sie sprechen oder essen. Daran, wie sie der Straßen- oder U-Bahn hinterherrennen. Berlin ist da ganz weit vorn. Außenstehende empfinden das Berliner Tempo oft als unangenehm. »Die Hektik der Großstadt«, sagen sie dann. Für mich war diese ständige Bewegung um mich herum wie ein elektrischer Impuls, der meinen eigenen inneren Motor antrieb. Und in diesem Impuls schwangen Inspiration und Kreativität mit. Es ist merkwürdig, aber in München scheint sich jede Geschwindigkeit irgendwo im Gewühl der Menschen zu verlieren. Auf unseren ersten Spaziergängen durch die Stadt fühlte ich mich die meiste Zeit wie ein Formel-1-Rennwagen in einer Tempo-30-Zone. Ständig musste ich meinen Schritt bremsen. In einer Studie wurde festgestellt, dass Berliner häufiger nach der U- oder S-Bahn rennen als Münchner, obwohl die Berliner im Durchschnitt kürzer auf die nächste Bahn warten müssen. Ich konnte in München keine fünf Meter laufen, ohne nicht jemand anderen zu überholen. Wenn es denn den Platz zum Überholen gab. München ist vollgestopft mit Menschen. Bei einer kurzen Recherche war ich auf ein paar überraschende Fakten gestoßen. München ist die mit weitem Abstand am dichtesten besiedelte Stadt Deutschlands. Locker vor Berlin. Das hätte ich nicht gedacht. Als ich dann auch noch las, dass jeden Tag mehr als eine halbe Million Pendler aus dem Umland in die Stadt einfallen, um hier zu arbeiten und nur rund 150 000 Münchner aus demselben Grund die Stadt verlassen, wurde mir so einiges klar. Rechnet man dann noch die 100 Millionen Touristen und Geschäftsreisenden hinzu, die jährlich nach München kommen, dann plustert sich München zumindest jeden Werktag zur Zwei-Millionen-Metropole auf. Kein Wunder, dass man oft den Eindruck hat, die Stadt würde aus allen Nähten platzen.

Dass es dennoch nur selten zur Explosion kommt, liegt wohl schlicht daran, dass die Bayern hektisch nicht können. Oder nicht wollen. Vor allem dann nicht, wenn es darum geht, zu ermitteln, wie es möglich ist, dass sieben Sekunden aus einem Polizeivideo verschwinden, das einen Einsatz aufzeichnet. Und genau diese sieben Sekunden möglicherweise Aufschluss darüber geben könnten, warum Polizisten mit einen Wildgriller am Feringasee Judo üben, anstatt seinen Ausweis zu kontrollieren. Nein, hektisch und schnell können die Bayern wahrlich nicht. Außer auf dem Marienplatz.

Egal, zu welcher Stunde man sich tagsüber am Marienplatz

mit dem imposanten Rathaus einfindet, Tausende anderer Menschen sind schon auf dieselbe Idee gekommen. Von hier aus wälzen sich die Massen in Richtung der Kaufingerstraße, um in die umstehenden Kaufhäuser einzufallen wie einst die Hunnen in Rom. Mit dem für die Händler sicherlich sympathischen Unterschied, dass die Münchner und Touristen ihre Souvenirs bezahlen, worauf die Hunnen wohl eher verzichtet hatten. Ich hatte gelesen, dass in Spitzenzeiten bis zu zwanzigtausend Menschen in der Stunde die Kaufingerstraße frequentierten. Eine unfassbare, gigantische Prozession des Kommerzes. Der Trubel hier war sogar mir zu viel. Bei unserem ersten Spaziergang durch die Innenstadt, es war ein Samstagvormittag, flüchteten wir lieber durch die Theatinerstraße in Richtung der Ludwigstraße, hin zum Odeonsplatz. »Wie in Italien«, meinte Francesca, als sie das wunderbare Ensemble von Theatinerkirche, Residenz und dem Bazargebäude mit dem Café Tambosi erblickte. Tatsächlich atmet der offene, großzügige Platz wie kein zweiter in München das italienische Dolce Vita. Francesca bestand darauf, auf der großen Terrasse vor dem Tambosi einen aperitivo zu trinken. Nach einer Viertelstunde ergatterten wir endlich einen Tisch. Francescas Vorgehen gegenüber den Wartenden, die eigentlich länger als wir da waren, war vielleicht etwas italienisch, aber zielführend. Keine zehn Minuten später standen zwei Vino Crodino und ein Apfelsaft für Oskar auf dem Tisch. Ich blinzelte in die Sonne und fühlte mich wie im Urlaub. Die Menschenmassen und den Konsumterror ein paar hundert Meter entfernt hatte ich vollkommen vergessen.

Das also war unser neues Zuhause.

7. Kapitel: In welchem sich das Kaufen von Fahrkarten in München erst als Hürde, dann jedoch als glänzende Geschäftsidee erweist

Das Erste, was mich in München wirklich bewegte, waren Rolltreppen. Ich hatte meinen Arbeitsbeginn so gelegt, dass uns noch zwei Wochen Urlaub im Mai blieben. Wir wollten die Zeit nutzen, uns einzuleben, durch die Stadt zu bummeln und ein paar Ausflüge aufs Land zu unternehmen. Und das Erste, was mir bei unseren Spaziergängen durch die Stadt auffiel, war dieses sonderbare Gebaren der Münchner auf ihren Rolltreppen. Dazu muss man wissen: München besitzt eine hohe Rolltreppendichte. Und nirgendwo lernt man schneller als auf den hiesigen Rolltreppen, dass München eine Stadt ist, deren Bewohner Wert auf Ordnung legen. Oberstes Münchner Rolltreppengebot: Rechts stehen, links gehen. Und das Erstaunliche ist: Jeder hält sich daran. Während es auf Berliner Rolltreppen gerne mal zu Verstopfungen kommt und der Wille, auf einer Rolltreppe überhaupt zu laufen, ohnehin sehr viel geringer ist, funktioniert das Rolltreppenwesen in München wie geschmiert. Rechts stehen die Menschen wie Perlen auf eine Schnur gezogen, links ist für die Ferraris unter den Fußgängern die Bahn frei, um ordentlich Tempo zu machen. Egal, ob es hoch- oder runtergeht. Mütter schieben ihre Kinder vor oder hinter sich. Selbst Freunde, die eben noch ins Gespräch vertieft einträchtig nebeneinander liefen, stellen sich auf der Rolltreppe ordnungsgemäß in Reihe. Sogar, wenn auf der linken Spur gerade niemand unterwegs ist, dem es pressiert, wie der Bayer die Eile so schön umschreibt.

Doch noch erstaunlicher als diese selbstverständliche Ordnung selbst ist das, was geschieht, wenn ebenjene Ordnung durcheinandergebracht wird. Von Touristen zum Beispiel oder anderen Ahnungslosen, von Menschen wie mir. Die Folge ist eine unmissverständliche soziale Ächtung, deren Stärke von einem knurrigen »Könnten S' bitt' schön den Weg frei machen?« bis zu einem herzlichen »Schleich di!« reicht. Und wenn man ganz großes Glück hat und an Leute vom Land gerät, erfährt man sogar, dass man ein »bleder Driedschler« sei, was in etwa so viel bedeutet, dass es nicht so schlau von einem ist, den ganzen Verkehr aufzuhalten. Diese Ächtung erfolgt nicht nur durch denjenigen, in dessen Weg man sich gestellt hat, nein, auch die Rechtssteher halten sich mit tadelnden Blicken und Kommentaren (»So geht's fei net, junger Mann«) oft nicht zurück. Ich hielt zwei Wochen durch. Dann war mir das Links-gehen-rechts-stehen-Gebot in Fleisch und Blut übergegangen. Dass Francesca mich immer wieder schimpfte, wenn ich sie auf der Rolltreppe rüde zur Seite zog, war mir egal. Hauptsache nicht mehr diese Blicke.

Seit Jahren weist die Statistik München als eine der sichers-ten Großstädte Deutschlands aus. Und wenn man die Münch-ner auf ihren Rolltreppen so beobachtet, dann bekommt man eine Ahnung, dass das nicht nur mit einem funktionieren-den rigiden Polizeiapparat zu tun haben könnte. Im Gegen-teil, die Münchner, die bringen ihre Ordnung auch ganz gut ohne Polizisten an den Mann. Die sind einfach so. Wenigstens konnte ich mich bei Thomas am Telefon ausweinen.

»Mensch, Thomas, München schafft mich.«

»Ich hatte dich gewarnt.«

»Aber nicht vor allem! Ich meine, es gibt Tage, an denen kriege ich es nicht einmal hin, mir eine Fahrkarte für die S-Bahn zu kaufen.«

»Wieso das denn?«

»Wenn ich's wüsste, würde ich's besser machen. Du stehst an diesen Automaten, und da gibt es Zonen und Ringe, Innenräume, Außenräume, Gesamtnetze und XXL-Fahrscheine und Streifenkarten. Für jede Ausnahme eine Regel. Kein Mensch blickt da durch. Ich glaube, das ist in Wahrheit ein geheimer Code. Wie bei Dan Brown. Und wenn du ihn knackst, dann erfährst du, wie dieser bayerische Märchenkönig im Starnberger See ertrinken konnte, obwohl ihm das Wasser nur bis zu den Knien ging. Aber diesen Code hier, den knackt niemand.«

Beim Verkauf ihrer Fahrkarten setzt der Münchner Verkehrsverbund auf ein außergewöhnliches Mittel: totale Verwirrung. Um diese in höchstmöglichem Maß zu erreichen, wurde das Münchner Streckennetz in Zonen unterteilt. Die weiße Zone, die grüne Zone, die gelbe Zone und die rote Zone. So weit, so gut. Doch schon jetzt beginnt es kompliziert zu werden, denn die Zonen wiederum sind in Ringe unterteilt. Pro Zone gibt es vier Ringe. Viele Menschen an den Fahrkarten-Automaten fragen sich verzweifelt: Warum? Ja, warum? Ich hatte auch keine Ahnung. Und das machte mir Angst. Denn obwohl sich die MVG alle Mühe gegeben hat, so viele Informationen wie möglich auf den Anschlägen an den Fahrkartenautomaten anzubringen, blickte ich nicht durch. Ich hatte studiert. Doch am Tarifwesen der MVG scheiterte ich, und es war kein Trost, jeden Tag zu erleben, dass es anderen Menschen ebenso erging. Es gibt in München Zonenfahrscheine, Fahrscheine für den Innenraum, den Außenraum und das Gesamtnetz. Und dann ist da noch die XXL-Zone. Die nicht etwa größer ist als das Gesamtnetz, wie der Name suggeriert, sondern den Innenraum und die erste Zone des Außenraums umfasst. Hilfe! Und Hilfe kam. In Form von Hubert. Oder Hubi, wie ihn seine Trinkerfreunde im Untergeschoss der S-Bahnstation Rosenheimer Platz liebevoll riefen.

Eines Tages standen Francesca, Oskar und ich mal wieder ahnungslos vor dem Fahrkartenautomaten und tippten verzweifelt alle möglichen Angebote durch, um herauszufinden, mit welchem der Fahrscheine wir am günstigsten in einen nahe gelegenen Wildpark fahren konnten, als hinter uns eine schnarrende Stimme ertönte:

»Grüß Gott, brauchen S' Hilfe?«

Ich drehte mich um und blickte auf ein kleines Männlein. Er musste um die fünfzig Jahre alt sein. Seine grauen Haare standen in ungewaschenen Zotteln nach allen Seiten hin ab. Er war ein Penner.

»Ja, schon.«

»Wo wollen S' denn hie?«

»Nach Poing«, antwortete ich.

»Zum Wildpark«, ergänzte Oskar mutig.

»Poing? Da nehmen S' am besten die Partner-Tageskarte XXL. Die kostet 12,30 Euro. Da können S' hin und zurück. Und sogar noch bis morgen früh um sechs Uhr damit fahren. Mit den Einzelfahrscheinen kommen S' teurer.«

»Danke.« Ich war erstaunt und suchte die empfohlene Karte. Tatsächlich, der Mann hatte recht. Es war der günstigste Fahrschein für unsere Fahrt. Ich bezahlte. Wenig später druckte der Automat den gewünschten Fahrschein und das Restgeld klimperte in die Ausgabe.

»Hätten S' vielleicht ein wenig Kleingeld übrig?«, schnarrte es hinter mir. Der Mann grinste und hielt mir seine Hand entgegen. Wie konnte ich Nein sagen? Ich gab ihm ein paar Münzen des Wechselgeldes, und wir zogen von dannen. Während der Fahrt mit der S-Bahn dachte ich darüber nach, was für eine clevere Geschäftsidee sich der Mann überlegt hatte. In den folgenden Tagen und Wochen begegnete ich ihm öfter, und immer, wenn ich am Automaten nicht weiterwusste, wandte ich mich vertrauensvoll an ihn. Seine Informationen waren ohne Fehl und Tadel. Nach und nach lernte ich mehr über das komplizierte Münchner Tarifsystem. Zum Beispiel, dass die Ringe und Zonen nichts miteinander zu tun haben und man beides geistig trennen müsse. Die Ringe seien für die Wochen- und Monatskarten gedacht. Die Zonen mehr oder weniger für Gelegenheitsfahrer, Tagesausflügler und Touristen. Hubert sagte allerdings nicht Touristen, sondern etwas von »depperten Saupreißn«. Auf meinen Hinweis, dass ich auch so einer sei, ein »Saupreiß«, meinte er nur: »Scho recht!« und referierte mir die Vorzüge der Münchner Streifenkarte, aus deren zehn Abschnitten – den Streifen – man seinen Fahrschein nach Belieben gestalten könne. Mit der Streifenkarte komme man sogar am günstigsten zum Flughafen, vorausgesetzt, man plane nur diese eine Fahrt. Wer am selben Tag zum Flughafen hin- und wieder zurückmüsse, der fahre am besten mit dem Airport-City-Day-Ticket, das eigentlich dasselbe sei wie die Single-Tageskarte fürs Gesamtnetz. Aber bis die Reisenden aus aller Welt – Hubert fasste auch sie unter der eingängigen Wortkombination »die depperten Saupreißn« zusammen – da von allein draufkommen täten, müssten die meisten von denen schon wieder zurückfliegen und hätten ja dann nichts vom schönen München gesehen. Deshalb sei es ganz nützlich, denen die Single-Tageskarte als Airport-City-Day-Ticket unterzujubeln, »die depperten Saupreißn« sollten schließlich auch in der Stadt ihr Geld ausgeben, zum Beispiel bei ihm, und nicht nur am Flughafen.

Am Anfang ertrug ich nur eine Fünf-Minuten-Dosis Hubert pro Tag. Doch nach und nach, als ich auch mehr über ihn selbst erfuhr, wurde es besser. Hubert, oder Hubi, hatte sich in seinem Pennerdasein kommod eingerichtet, soweit man das sagen konnte. Wohin er zum Schlafen ging, wollte er nicht verraten. Zum Rosenheimer Platz kam er, weil sich hier seine Freunde trafen. Sie tranken in Ruhe ihr Bier – bei schlechtem Wetter im überdachten Mittelgeschoss der S-Bahn, bei gutem Wetter auf dem wunderschönen Weißenburger Platz, der nur gut fünfzig Meter entfernt lag – und brachten so die Zeit, von der sie nach Huberts Aussage viel zu viel hatten, wenigstens in guter Gemeinschaft rum. Wenn Hubert wirklich Geld brauchte, ging er zum Hauptbahnhof und beriet dort die Leute an den Fahrkartenautomaten. »In einer guten Stunde komm ich da schon mal auf dreißig bis vierzig Euro«, berichtete er mir stolz.

Typisch München. Hier war das Geld zu Hause. Sogar die Penner gingen einer irgendwie improvisierten, aber mehr oder weniger geregelten Arbeit nach. Und verdienten dabei noch nicht einmal schlecht. Ich mochte Hubert. Nicht nur, weil er mir bei den Fahrscheinen weiterhelfen konnte, sondern weil er zu einer in München seltenen Spezies gehörte.

Was mir in München sofort aufgefallen war, waren nicht etwa nur die Dinge, die es in der Stadt gab, sondern die Dinge, die fehlten: Dreck zum Beispiel, ob auf dem Bahnhof oder den Gehsteigen, von der Fußgängerzone zwischen Kaufinger- straße und Isartor gar nicht zu reden. Die Stadt war unfass- bar sauber. Graffiti? Während in Berlin kaum eine Häuser- wand von Tags verschont bleibt, musste man hier förmlich nach ihnen suchen. Hackten sie den Sprayern in München die Hände ab? Wie war es möglich, dass die heranwachsende Ju- gend weitgehend darauf verzichtete, ihr pubertierendes Ego mit ein paar Farbspritzern an den Häuserwänden zu befriedi- gen? Außerdem war ich es seit jeher gewohnt, dass Penner und Bettler zum Stadtbild gehörten. Dank Hubert fühlte sich Mün- chen für mich wenigstens ein bisschen mehr wie zu Hause an.

Denn Penner und Bettler waren sonst eine Seltenheit in den Straßen. Genau wie Punks. Die sind in München sogar derart selten und kostbar, dass sie auf Schritt und Tritt von Polizisten bewacht werden.

8. Kapitel: In welchem die Knochenbiegsamkeit von Kindern, die Nervenstärke von Müttern und die Fremdsprachenfähigkeiten eines Berliners getestet werden

»Ham wir noch an König Ludwig?« Ein Nicken des Wirtes im Gastraum signalisierte der Bedienung draußen, dass das gewünschte Bier noch vorhanden war. Ich musste ob der doppelten Bedeutung des Satzes schmunzeln.

»A Dunkles wollten S', gell?« Der Mann am Nebentisch bejahte die Frage.

»I bring's Eaner glei«, beschied ihm die Bedienung und huschte davon.

Es war Anfang Mai, und wir hatten das sonnige Wochenende genutzt, um aufs Land hinauszufahren. Nach Traunstein. Ein Tipp, den Francesca von Frau Pschierer bekommen hatte. Bei unserem Spaziergang entlang der Traun bekam Francesca den Fotoapparat kaum von der Nase. An beinahe jeder Biegung des Weges präsentierte sich uns eine unwirklich schöne Landschaft. Grüne Wiesen, an deren Ende sich Wälder erhoben. Die Berge am Horizont. Das klare Wasser der Traun, in dem dicke Forellen schwammen. Ein Bauernhof, der aussah wie gemalt. Doch die Postkartenidylle war eben nicht gemalt. Sie war echt. Schließlich waren wir in einem Gasthof mit Biergarten gelandet. Oskar, der den ganzen Weg über herumgemault hatte, dass er nicht mehr laufen wolle, und schließlich auf meiner Schulter gelandet war, flitzte wie der Blitz zum Wildgehege, das sich gleich neben dem Biergarten befand, und bestaunte mit ein paar anderen Kindern die Rehe und Hirsche darin. Dann ging es ab auf den kleinen Spielplatz.

Hier draußen war die Welt für die Bayern in Ordnung. Kein Wunder, es gab noch einen König Ludwig. Der Himmel war, wie er sein sollte: weiß und blau. Und der Leberkäs aus der Küche des Gasthofes war ein Gedicht. Francesca hatte sich an meine Schulter gelehnt. Wir blinzelten in die Sonnenstrahlen, die in den letzten Wochen merklich an Kraft gewonnen hatten. »Gott mit dir, du Land der Bayern.« Der Atheist in mir schmunzelte über das Pathos der ersten Zeilen der bayerischen Landeshymne. Doch der Mensch in mir konnte sehr gut verstehen, dass jemand, der das Glück hatte, auf einem derart paradiesischen Flecken Erde zu leben, einen etwas kürzeren, direkteren Draht zum lieben Herrn da oben haben musste.

Zwei Mountain-Biker kamen den Weg zum Gasthof in schnellem Tempo geradelt, sie bremsten scharf, klackten sich aus den Pedalen und stellten ihre Räder, die eher an Leichtmotorräder erinnerten, am Zaun des Biergartens ab. Obwohl die beiden über und über mit Dreck bespritzt waren, hätte man sie gleich nehmen können und für einen Aventüre-Rice-Bike-Katalog fotografieren können. Sie waren perfekt ausgerüstet: Aliny-Trikot, Radhose von Gore, schnittige Duve-Brille, Rad-Handschuhe, Bike-Schuhe, Helm. In Gedanken versuchte ich die Preisschilder anzubringen. Da kam schon ordentlich was zusammen. Die beiden Hightech-Biker bestellten sich jeder – wie passend – ein Radler, ein in Bayern beliebtes Gemisch aus Limonade und Bier. Francesca hatte damit bereits unangenehme Erfahrungen gemacht. Bei einem Mittagessen in der Stadt war sie mutig genug gewesen, sich statt einem Wasser oder einem Saft endlich auch mal ein Radler zu bestellen. So wie sie es bei der fröhlichen Runde am Nebentisch gesehen hatte. Radler schmeckt zwar leichter als ein normales Bier und schlägt nicht mit derselben Härte zu, wirkt dafür aber umso schneller. Nach einem halben Glas jedenfalls saß Francesca nur noch apathisch da und behauptete, vollkommen betrunken zu sein, und schwor, dieses Teufelszeug nie wieder trinken zu wollen. Erst ein doppelter Espresso hatte sie an jenem Nachmittag fit für den Heimweg gemacht. Bei den beiden Mountain-Bikern schien das Radler ebenfalls zu wirken. Allerdings nicht auf den Bewegungsapparat, sondern direkt aufs Sprachzentrum.

»Wenn wir kein coordinated concept haben, wird uns niemand supporten! Damit gewinnen wir keine Leads!«, sagte der Kleinere von den beiden.

»Wir müssen das Ganze als giving story aufziehen, total contemporary, das ist der richtige Spirit für die Kampagne«, entgegnete der andere.

»Und wie willst du das Future-Denken in die Story einbinden? Außerdem brauchen wir eine starke Permission. Die muss catchy sein.«

»Klar, den provoking impuls müssen wir in jedem Fall noch pushen.«

Zufrieden stießen die beiden mit ihrem Radler an. Leads? Giving story? Future-Denken? Impulse pushen? Aus welchem Stall waren die denn ausgebrochen? Und worüber um alles in der Welt hatten sie sich bloß unterhalten? Leute wie die beiden waren uns schon öfter begegnet. Allerdings eher in der Stadt in den allgegenwärtigen Lounge-Restaurants. Mit dem Unterschied, dass die Sprachgestörten dort nicht in verdreckter Biker-Kluft, sondern in knittrigen Businessanzügen steckten.

Francesca, die das Gespräch ebenfalls verfolgt hatte, verzog säuerlich den Mund. Sie hasste dieses englische Deutsch. Sie kannte es bei ihrer Arbeit als Italienischlehrerin vor allem aus dem Unterricht, in dem sich alle Kursteilnehmer einander vorstellen und etwas über sich erzählen sollen. Wenn Francesca nach den Berufen der Leute fragte, arbeiteten die meisten immer im Costumer Service oder im Office Management, waren Project Manager, Controller, Business Analyst oder Sales Representative. Abgesehen davon, dass die italienische Übersetzung in manchen Fällen schwer bis unmöglich war, störte sich Francesca vor allem an der Tatsache, dass jeder versuchte, sich hinter dem hochtrabenden englischen Klang seiner Berufsbezeichnung zu verstecken. »Wieso sagen die nicht einfach Handelsvertreter? Oder Kundenbetreuer? Ist doch dasselbe.« Aber eben nicht das Gleiche. Eine weinerliche Stimme riss mich aus meinen Gedanken.

»Huhuhuhu … Der Oskar lässt mich nicht schaukeln.« Drei Tische weiter stand ein Junge mit verheultem Gesicht vor seinem Vater. Ich schaute hinüber zum Spielplatz. Besagter Oskar schaukelte betont langsam, betont gelangweilt, eine einzige Provokation. Der Vater, zu dem der Junge gerannt war, flüsterte ihm etwas ins Ohr. Ich wollte gerade aufstehen, um Oskar zu sagen, dass man sich beim Schaukeln abwechseln müsse und alle Kinder mal dran seien, da rannte der Junge, dessen Welt eben noch in Trümmern lag, quietschfidel zur Schaukel und schrie: »Komm, wir spielen Affenschleuder!«

Ich weiß nicht, bei wem das Fragezeichen auf der Stirn größer war, bei Oskar oder bei mir. Affenschleuder? Affenschleuder ging so: Einer der Jungen setzte sich auf die Schaukel, der andere stellte sich hinter ihn und schubste ihn an. Hatte die Schaukel genug Schwung, ließ derjenige auf der Schaukel, der Affe, los und flog in hohem Bogen durch den Sandkasten. Wichtig dabei war noch, möglichst laut zu schreien. Eben wie ein Affe. Oskar war sofort Feuer und Flamme, während Francesca in Gedanken bereits die Nummer für den Notarzt wählte und mich löcherte, ob ich überhaupt wisse, wo genau wir eigentlich seien, damit sie dem Krankenwagen den Weg beschreiben könne. Schließlich könnte ein Stein im Sand liegen, an dem sich Oskar den Kopf anschlagen konnte. Oder aber er könnte

Sand in die Augen bekommen und erblinden. Ganz abgesehen von den Arm- und Beinbrüchen, die der harte Sturz von der Schaukel mit Sicherheit hervorrufen würde. Wer einmal eine besorgte italienische Mutter in Aktion erlebt hat, bekommt eine Ahnung davon, warum in jedem ausgewachsenen italienischen Mann immer auch eine Memme steckt.

»Servus, an lustigen Bua habt's ihr da!« Der Vater des Jungen, den Oskar gerade stolze vier Meter geschleudert hatte, war zu uns an den Tisch gekommen. Sein Gesicht kam mir bekannt vor. Auch er musterte mich, als wären wir uns schon mal begegnet.

»Kennen wir uns?«, fragte ich.

»Wir kennen uns!«, sagte er überzeugt. »Aber woher?«

Wieso war ich nur so schlecht darin, mir Gesichter und Namen zu merken? Francesca rutschte unruhig auf ihrem Stuhl hin und her. Ihr wäre es lieber gewesen, wir hätten endlich damit angefangen, die dringend notwendigen lebensrettenden Maßnahmen für die Affen auf der Schleuder einzuleiten, statt darüber nachzugrübeln, wo ich und der Vater des Jungen uns schon mal begegnet waren. Endlich fiel es mir wieder ein.

»Ich habe Sie im Verlag gesehen«, verkündete ich erleichtert. »Als mich der Personalchef der Redaktion vorgestellt hat, waren Sie nicht da. Aber als ich gegangen bin, sind wir uns kurz auf dem Gang begegnet und wurden einander vorgestellt.«

»Stimmt. Sie sind der Berliner, gell?«

»Ich bin der Berliner«, gab ich ihm recht. »Daniel Wiechmann. Und Sie waren ...?«

»Max Brunner.«

Wir schüttelten einander die Hände, und ich stellte ihm den Rest der Familie vor.

»Das ist meine Frau Francesca. Und unseren Sohn Oskar ... den hat ja auch bereits Ihr Junge kennengelernt.«

Ein Blick auf Francesca genügte Max Brunner, um zu verstehen, dass sie dringend Hilfe brauchte.

»Keine Angst, in dem Alter sind die Knochen der Kinder biegsam«, versuchte er sie zu beruhigen.

Ich glaube, das war nicht ganz der Satz, den Francesca zu hören gehofft hatte. Aber wenigstens widerstand sie tapfer dem Drang, sich neben die Schaukel zu stellen, um im Notfall sofort eingreifen zu können.

»Wos dagegen, wenn i mi herhocke?«, fragte Max Brunner. Natürlich nicht. Er holte sein Glas, setzte sich hin und brüllte zum Spielplatz: »Lukas, mir san jetzt am Tisch vom Oskar, gell?«

Ob Lukas ihn gehört hatte? Er und Oskar freuten sich gerade über einen neuen Weitschleuderrekord. Francesca versuchte verzweifelt in Ohnmacht zu fallen, um das Elend nicht mehr mit ansehen zu müssen. Doch die Geräusche, die die Jungs machten, während sie in hohem Bogen durch die Luft in den Sand flogen, schockten sie immer wieder ins Leben zurück.

Als wir abends nach Hause kamen, hatte ein glücklicher Oskar jede Menge Schürfwunden an den Knien und den Armen und wir eine Einladung von Max Brunner im Gepäck. Schließlich müssten wir, so versicherte er uns, unbedingt den Rest seiner Familie kennenlernen – zwei weitere Jungs und seine Frau. Der Hund war leider vor zwei Wochen gestorben.

9. Kapitel: In welchem über die Bedeutung von Herkunft diskutiert und festgestellt wird, dass Heimat dort ist, wo man sich aufhängt

An meinem ersten Arbeitstag kam ich mit einer Flasche Rotwein bewaffnet in die Redaktion. Ein Dankeschön für Peter Senftlhuber für die unfreiwillige Wohnungsvermittlung. Nicht auszudenken, welche Strapazen ich noch über mich hätte ergehen lassen müssen, wenn er und der Makler nicht zusammen auf die Schule gegangen wären.

»Ah, unser Neuer…«, begrüßte mich Peter Senftlhuber in seinem Büro. Mit seiner Hakennase und den markanten, dünnen Gesichtszügen sah er aus wie ein Adler. Allerdings ein gerupfter. Hemd und Hose hingen an seiner schmächtigen sehnigen Statur. »Des is schon richtig, dass Sie aus dem Osten kommen, gell? Wie alt waren Sie denn beim Mauerfall?«

»Fünfzehn«, antwortete ich überrascht. Keine Ahnung, worauf Peter Senftlhuber hinauswollte. Doch er fuhr gleich mit der Befragung fort: »Wie fühlt man sich da jetzt eigentlich so? Als Ossi? Als Heimatloser? Oder als heimatloser Ossi?«

Also im Moment fühlte mich wie beim Sicherheitscheck am Flughafen. Sorgfältig klopfte Peter Senftlhuber mit seinen Worten jedes Körperteil ab. Nur suchte er nicht nach versteckten Waffen, sondern anscheinend nach der Stelle, wo er den Hebel ansetzen musste, um sein Gegenüber zu verunsichern. Er suchte nach meinem wunden Punkt. Ich versuchte, mir nichts anmerken zu lassen. Neben Bierbäuchen, Steuerhinterziehern und Kirchen war auch Heimat etwas, das die Bayern im Überfluss besaßen. Da konnte niemand mithalten. Das Letzte, was ich daher wollte, war eine Grundsatzdiskussion mit Peter Senftlhuber über Heimatgefühle oder den Verlust von Heimat. Nicht, dass ich etwas gegen die Diskussion selbst gehabt hätte. Es war ein Thema, das mich beschäftigte. Nur war ich kein Masochist. Und ich hatte den Eindruck, dass Diskussionen mit Peter Senftlhuber in genau diese Richtung zu laufen drohten. Sie quälten einen.

»Ach, ich glaub ein bayerischer Schriftsteller hat einmal gesagt: ›Heimat ist da, wo man sich aufhängt.‹«, erwiderte ich betont gelassen. »Und wie Sie sehen, lebe ich ja noch.«

»Wie schön, aber wenn Sie ein Strick brauchen, sagen S' Bescheid«, feuerte Peter Senftlhuber mit einem schmalen Lächeln auf den Lippen noch einmal eine Breitseite in meine Richtung. Ich steckte die Treffer ein.

»Weshalb sind Sie eigentlich hier?«

Peter Senftlhuber deutete auf die Flasche Wein in meiner Hand. »Des reicht fei net als Einstand«, grinste er, als ich ihm die Flasche überreichte.

»Die ist auch nicht als Einstand gedacht. Sondern weil ich Ihnen meine Wohnung zu verdanken habe«, erwiderte ich.

Peter Senftlhuber schaute mich neugierig an.

»Der Makler war ein Schulfreund von Ihnen. Und Sie beide gehen wohl ab und an gemeinsam was trinken. Die Tatsache, dass Sie und ich zusammenarbeiten werden, hat ihm bei der Auswahl des Mieters sehr geholfen«, erklärte ich die Situation.

»Ja, da schau her. Waren Sie denn schon sehr verzweifelt, bevor der gute Alois Sie erlöst hat?«

»Nö, eigentlich nicht«, log ich.

»Komisch, da hat mir der Alois vor drei Wochen aber was ganz andres erzählt.« Peter Senftlhuber grinste höhnisch und begann die Weinflasche aufmerksam zu begutachten. Ich versuchte, mir nichts anmerken zu lassen. Dass die Kommunikationswege in München derart kurz waren, hatte ich nicht erwartet.

»Wo haben Sie denn die Flasche gekauft?«, wollte Peter Senftlhuber wissen.

»In einem Laden am Karlsplatz.«

»Neben dem Königshof? In Geisels Weingalerie?«

»Ja, ich glaub, so hieß das Geschäft.«

»Und wer hat Sie bedient? Der Chef persönlich?«

»Das weiß ich nicht. Das war so ein netter Herr mit Locken. Wenn nur die Hälfte von dem stimmt, was er über den Wein erzählt hat, sollte er Ihnen schmecken.«

»Da machen Sie sich mal keinen Kopf. Wenn Stephan Geisel etwas über Wein erzählt, dann stimmt davon mehr als die Hälfte. Garantiert.«

Langsam kam ich mir vor wie in der Truman Show. Die totale Überwachung.

»Ich geh dort auch immer gern einkaufen«, referierte Peter Senftlhuber. »Ist einer der besten Weinläden der Stadt. Wussten Sie, dass irgendwo unterm Karlsplatz mehr als eine halbe Million Weinflaschen liegen? Für die Weingalerie, das Restaurant Königshof, die Annabar und Geisels Vinothek? Und da sind ein paar echte Schätze drunter. Die gehen im Königshof für ein paar tausend Euro die Flasche auf den Tisch. Eine halbe Million Flaschen. Mitten im Stadtzentrum. Ich werd immer ganz ehrfürchtig, wenn ich dort vorbeilaufe.« Peter Senftlhuber schwieg andächtig, dann stand er auf, kam zu mir und gab mir Hand.

»Danke für den Wein. Ich bin übrigens der Peter.«

»Keine Ursache, Peter. Gern geschehen. Daniel.«

Vielleicht war Peter Senftlhuber doch nicht so ein Arschloch, wie ich vermutet hatte. Wir verabschiedeten uns. Ich hatte die Tür schon in der Hand, als er mir hinterherrief:

»Ach … übrigens … bei deinem Gehalt, da hast du richtig schlecht verhandelt.« Ich schaute mich fragend um. Peter Senftlhuber grinste listig von seinem Schreibtisch herüber.

»Die Selbstauskunft.« Er sang das Wort beinahe.

Vielleicht war Peter Senftlhuber doch genau das Arschloch, das ich in ihm vermutet hatte. Ich zuckte die Schultern und ging. Was er wohl erst sagen würde, wenn er herausfand, dass ich in der Selbstauskunft ein bisschen geschummelt hatte. Zu meinen Gunsten. Ich war wütend. War es nicht eigentlich strafbar, wenn ein Makler Informationen aus der Selbstauskunft an unbefugte Dritte weitergab? Trotzig dachte ich daran, zur Polizei zu gehen. Doch so wie die Dinge hier in München liefen, würde der Beamte, der die Anzeige aufnahm, garantiert ein alter Schulfreund von Alois und Peter sein. Hier kannte offensichtlich jeder jeden. Kein Wunder, dass bei derart mafiösen Zuständen München den Ruf als nördlichste Stadt Italiens weghatte. Willkommen in der Familie.

10. Kapitel: In welchem die innere Uhr eines Berliners mit dem bayerischen Zeitmanagement vertraut gemacht und richtig eingestellt wird

Ich hatte erwartet, dass mit Arbeitsbeginn das Leben in München ein wenig an Fahrt gewinnen würde, dass sich die Schlagzahl allein durch den nun bestimmt einkehrenden Arbeits- und Alltagsstress erhöhen würde. Tat sie aber nicht. Im Gegenteil. Zwar schimpften alle im Verlag ständig darüber, wie viel sie zu tun hätten, und gedachten der guten alten Zeit, in der alles schöner, besser, einfacher und überhaupt gewesen sei, doch die Wirklichkeit war eine andere. Die Wirklichkeit war ein gemütliches Chaos.

Gemessen an den Umsatzzahlen und dem Renommee des Verlages, hatte ich mir eine gut geölte Wirtschaftsmaschine vorgestellt, in der ein Rad ins andere griff. Strukturiert, planvoll, professionell, erfolgreich. Strukturiert war allenfalls die Mittagspause, planvoll die Verabredungen nach Feierabend, professionell vor allem die Geschwindigkeit, mit der viele Kollegen alle zehn Minuten ihren Facebook-Status aktualisierten, um der Welt mitzuteilen, dass sie einen Kaffee trinken gehen, in einem Meeting steckten, dringend telefonieren müssten oder mal auf die Toilette. Kein Wunder also, dass die Redaktionsleiter und das Management ständig stöhnten, wie viel Geld sie ihren unfähigen Redakteuren und Autoren für unfassbar schlechte Ideen und die grauenvollen Texte bezahlen mussten. Das Marketing verfluchte jede Entscheidung des Managements, selbst wenn sich das Management entschloss, die Vorschläge aus der Marketingabteilung zu hundert Prozent umzusetzen. Die Anzeigenabteilung schmollte, da keiner, wirklich keiner, sie leiden konnte. Die Folge war ein merkwürdiger Selbsthass, den die Anzeigenabteilung an den Tag legte und den ich bisher nur von Berliner Busfahrern kannte, die man nach einer Station auf ihrem Weg durch die Stadt fragt. Ganz anders ging es den Kollegen im Vertrieb, sie sahen sich als heilige Samariter, ohne deren aufopferungsvolle Tätigkeit der ganze Laden schon längst hätte dichtmachen müssen. Die Redakteure wiederum hielten ihre Arbeit für derart brillant, dass nicht einmal die vernichtenden Fähigkeiten aller anderen Abteilungen den Erfolg des Verlages untergraben konnten. Überhaupt glaubten die Redakteure, dass sie jede, wirklich jede Arbeit im Verlag besser erledigen würden als die dafür vorgesehenen Personen. Die meisten hielten sich für Geistesgrößen, deren Genie der Zeit so weit voraus war, dass es niemand erkennen konnte. Was natürlich auch niemand tat. Schon gar nicht die Kollegen aus der Grafik. Für sie waren die Redakteure keine Geistesgrößen, sondern Geisteskranke, die immer wieder um ein paar Sätze mehr im Layout feilschen mussten, anstatt sich einmal an die vereinbarte Zeichenzahl zu halten. Wenn die Grafiker nicht seit Jahren den von den Redakteuren fabrizierten Textmüll (da waren sie sich ausnahmsweise mit der Chefetage einig!) in pures Gold layouten würden, so schnell könne man das Wort »Insolvenz« gar nicht aussprechen, wie der Verlag dann pleite wäre. Ich glaube, sogar der Hausmeister hier hätte eine schlüssige Argumentation parat gehabt, warum einzig und allein ihm das Überleben des Verlages geschuldet war. Aber wir hatten keinen.

Das Erstaunliche aber war: Das gemütliche Chaos funktionierte. Nicht zuletzt dank Max Brunner. Max Brunner war so etwas wie der heimliche Herrscher über das gemütliche Chaos. Dabei arbeitete er nicht etwa mehr oder besser als die anderen. Nein, er besaß die seltsame Gabe, dass Probleme in seiner Gegenwart einfach aufhörten zu existieren. Die Probleme waren weg, als wären sie nie da gewesen. Während im Fernsehen noch nach »The Next Uri Geller« gesucht wurde, hatten wir ihn längst gefunden. Keine Ahnung, wie Max Brunner das machte. Wenn er mit einem sprach, hatte man das Gefühl, der wichtigste Mensch auf der Welt zu sein. Nichts anderes zählte mehr. Schon gar keine Probleme. Man fühlte sich einfach wohl in seiner Gegenwart.

So weit, so schlecht, denn nicht immer wollte Max mit anderen Menschen sprechen. Störte man Max, wenn er konzentriert über einem Text oder einer Aufgabe brütete, erlebte man ihn von seiner cholerischen Seite. Nur ein Typ wie er konnte sich mit einem der Chefs heftig streiten, dabei Worte benutzen, die bei jedem anderen die sofortige Entlassung bedeutet hätten, und den Rest des Tages weiterarbeiten, als ob nichts gewesen wäre. Ich hatte selten einen Menschen erlebt, der derart im Augenblick lebte. Max Brunner hatte einfach alles und alle im Griff. Das gemütliche Chaos sowieso.

Immer wenn ich bereits glaubte, dass der Karren jetzt endgültig an die Wand gefahren sei, schafften es alle miteinander in einem hektischen Kraftakt, den Job doch noch so zu erledigen, wie man ihn von Anfang an hätte erledigen sollen. Was natürlich in dem Moment sehr anstrengend war und wovon man sich erst einmal wieder erholen musste. Das taten auch alle Kollegen ausgiebig. So ausgiebig, dass die nächsten Projekte sofort wieder unter Zeitnot und in den Chaosstrudel gerieten. Warum das so war, erklärte mir einer meiner neuen Kollegen, nachdem uns beiden eine gemeinsame Recherche übertragen worden war. Willy war um die fünfzig und schon eine Ewigkeit im Verlag. Er kannte sich also aus. Wenn ich es richtig mitbekommen hatte, war er geschieden und lebte allein. Die liebenswerte Nachlässigkeit, mit der er sich kleidete, passte dazu.

»Wir haben hier ein besonderes Zeitmanagement«, ließ Willy mich wissen.

Ich bezweifelte, dass es überhaupt eines gab. Aber ich war ja ein Mensch, der sich von harten Fakten und guten Argumenten gerne überzeugen ließ. »Und wie funktioniert dieses Zeitmanagement?«, fragte ich unschuldig nach.

»Es geht darum, immer einen Puffer zu haben. Deswegen, wenn der Chef dich fragt, wie lange etwas dauert, dann überlege dir gut, wie lange es dauert, behalte es für dich, und sage ihm immer die nächsthöhere Zeitebene. Also, wenn etwas eine Stunde dauert, dann sagst du, dass du einen ganzen Tag dafür brauchst. Wenn etwas einen Tag dauert, kannst du ruhig auf einer ganzen Woche bestehen. Und wenn etwas eine Woche dauert, dann sagst du was?«

»Ein Monat!?«

»Genau.« Willy freute sich, dass er es mit jemand zu tun hatte, der mitdachte.

»Ich kann das ja ganz gut verstehen, das mit dem Puffer«, wand ich mich. »Das ist ja auch richtig… an sich. Aber was, wenn ich den nicht brauchen sollte? Also, wenn ich doch schon eher fertig bin?«

»Ja mei… lass dir halt etwas einfallen!« Willy schaute mich entgeistert an.

»Was soll ich denn die ganze Zeit über machen?«, hakte ich nach.

Der Widerwillen, meine Frage zu beantworten, stand Willy ins Gesicht geschrieben. Er zögerte eine Weile, bis er mir beschied: »Keine Ahnung. Schreib halt ein Buch.«

Was für eine blöde Idee.

»Wir haben auch einige passionierte Schachspieler in der Redaktion, die gerne online gegeneinander antreten.«

Die Kollegen spielten während der Arbeitszeit Schach? Und

dann auch noch gegeneinander? Wahrscheinlich wollte Willy mich testen. Ich hatte das mal in einem Bewerbungsratgeber gelesen, dass man sich gerade am Anfang eines Jobs auf keinen Fall auf derlei Angebote einlassen sollte, die Arbeit wie alle Kollegen etwas nachlässiger anzugehen. Das konnte eine Falle sein. Willy grübelte weiter nach einem Zeitvertreib für mich: »Bereite doch deinen nächsten Urlaub vor. Du ahnst gar nicht, auf welche Schätze man treffen kann, wenn man genügend Zeit hat, sich durch die Lonely-Planet-Community zu lesen. Oder die Meinungen bei Tripadvisor zu studieren. Kann ich dir nur empfehlen. Wenn du mal nach Thailand willst, ich kenne mittlerweile alle guten Strandressorts, in denen man gewesen sein muss.«

Auch diese schon etwas verlockendere Aussicht wollte mir nicht so richtig gefallen. Das konnte man doch nicht machen. Willy, der sah, dass er meine Zweifel nicht beseitigt hatte, meinte nur, ich solle mich entspannen, und mir würde sicher ein sinnvoller Zeitvertreib einfallen.

»Wir nennen es Arbeit«, lachte er und ließ mich ungläubig zurück.

Am Abend erzählte ich Francesca von dem Gespräch mit Willy.

»Was regst du dich auf? Ich finde dieses Zeitmanagement praktisch… sehr italienisch. Wir machen das seit mehr als zweitausend Jahren so. Und wir haben immerhin die Welt zivilisiert. Vergiss nicht, ohne uns Italiener wärt ihr immer noch Barbaren, die im Wald leben.«

»Wie bitte? Ihr habt von uns einen Tritt in den Hintern bekommen, und schwupps ging's wieder rüber über die Alpen.«

»Ach, es hätte sich eh nicht gelohnt, euch zu erobern…«, gab Francesca schnippisch zurück.

»Wieso denn nicht?«

»Viel zu schlechtes Wetter.« Francesca schüttelte sich und tat, als würde ihr ein kalter Wind aus der sibirischen Tundra um die Nase fegen. Ich liebe diese Diskussionen mit ihr. Ich weiß nicht, warum, aber ich liebe sie.

Willy hatte nicht gelogen. Tatsächlich folgte das Arbeitszeitmodell im Verlag ganz eigenen Gesetzen, die zu einem ständigen Auf und Ab führten. Das Merkwürdige war, dass die Kollegen selbst in hektischen Zeiten, in denen es jede Menge zu tun gab, die Ruhe selbst waren, immer ein fatalistisches »Ja mei!« auf den Lippen. Das »Ja mei« scheint so etwas wie der Schlüssel zur bayerisch-münchnerischen Gemütsruhe zu sein. Eine Art Mantra, das ständig wiederholt wird, um sich der Nichtswürdigkeit der eigenen Existenz zu vergewissern und darauf zu verweisen, dass man einer Macht ausgeliefert ist, die größer ist als man selbst.

»Wir hätten bis gestern die Informationen aus dem Staatsarchiv für die Geschichte über die englische Königsfamilie gebraucht. Wieso sind die noch nicht da?«

»Ja mei …«

»Das Autoreninterview auf Seite 16 muss zwei Zeilen länger werden. Da ist eine Anzeige rausgefallen!«

»Ja mei …«

»Wieso steht die Milch in der Küche schon wieder draußen? Ist es denn so schwer, die in den Kühlschrank zu stellen, nachdem man sie benutzt hat?«

»Ja mei …«

»Und wieso sieht es in der Männertoilette eigentlich immer so aus wie in der Abfalltonne einer Metzgerei?«

»Ja mei …«

Die Welt ist nun einmal so, wie sie ist. Da kann man nichts machen.

Es konnte natürlich aber auch sein, dass die Kollegen einfach nicht wollten oder konnten. Oder dass ihnen wirklich alles egal war. Ja mei, wer weiß das schon so genau.

Neben der beschaulichen Lebenseinstellung gab es noch etwas, das mich an meinen neuen Kollegen faszinierte. Denn Münchner ist nicht gleich Münchner. Da gibt es sehr große Unterschiede, denn jeder Münchner glaubt, er lebe im schönsten Viertel der Stadt. Würde der Münchner seinen Ehepartner genauso lieben wie sein Stadtviertel, wäre die Scheidungsrate gleich null. Umzüge sind dem Münchner ein Graus, und sie werden nur gemacht, wenn es gar nicht anders geht. Noch schlimmer, als in ein anderes Stadtviertel zu ziehen, ist es für den echten Münchner, seinen Wohnort auf die andere Seite der Isar verlegen zu müssen. Dabei geht es nicht etwa darum, dass eine Isarseite schöner wäre als die andere. Nein, ein Umzug auf die andere Seite des Flusses geht einfach nicht. Egal, auf welcher Seite der Isar man wohnt. Warum? Dafür gibt es keinen vernünftigen Grund. Es ist mehr so ein Bauchgefühl. Und wenn der Bauch spricht, dann hört man in Bayern genau hin. Die Folge dieser mysteriösen Sesshaftigkeit ist ein ausgeprägter Stadtteilpatriotismus. Münchner ist der Münchner vor allem nach außen hin. Nach innen ist er Schwabinger, Giesinger, Maxvorstädter. Doch welches Viertel ist denn nun das schönste in München?

Die Schwabinger etwa schwören auf Schwabing, weil Schwabing halt Schwabing ist. Schwabing sei längst nicht nur ein Stadtviertel, sondern vielmehr eine Lebenseinstellung, ein Zustand. Jeder, der behauptete, und das sind nicht wenige, dass Schwabing längst nicht mehr so ein Abenteuer sei wie in den Achtzigern, habe keine Ahnung und sei neidisch. In Schwabing, so lernte ich, sei man gern alteingesessen und leiste irgendeinen gemeinnützigen Dienst an der Gesellschaft – selbst wenn es nur der ist, durch hohen Latte-Macchiato-Konsum Arbeitsplätze in den vielen Schwabinger Cafés zu sichern.

Die Bewohner im Glockenbachviertel halten selbstverständlich sich selbst und ihr Viertel für den Nabel der Stadt. Kreativität ist oberstes Gebot. Entweder designt man für sein eigenes Modelabel, arbeitet in einer Werbeagentur, erfindet das Rad neu oder eröffnet mit kunterbunt durcheinandergemischten Flohmarktmöbeln ein Lokal – am besten Café, Restaurant und Bar in einem –, in dem sich die anderen Kreativen zum Brainstorming treffen, wobei das Gehirn meist nicht mit Gedanken, sondern eher dem nächsten Schuss Koffein oder – Achtung kreativ!– einem Apfel-Karotten-Ingwer-Saft gestormt wird. Auffallend hoch ist im Glockenbachviertel die Dichte an Muttis, die an schönen Tagen ihre Babys von einem Café ins nächste schleppen.

Die Maxvorstädter kämpfen. Zum Beispiel dagegen, dass weite Teile der Maxvorstadt fälschlicherweise zu Schwabing gerechnet werden. Eine Todsünde, wie mir mit heiligem Ernst versichert wurde. Die Maxvorstadt sei viel jünger und hipper als Schwabing. Was nicht zuletzt daran liege, dass sich ja die Ludwig-Maximilians-Universität und die Technische Universität hier befänden. Das wiederum hat zur Folge, dass es in der Maxvorstadt unheimlich viele und gute Studentenkneipen und Cafés gebe, die viel unaufgeregter seien als anderswo.

Die Giesinger berufen sich stolz auf ihre Tradition als Arbeiterviertel und freuen sich über die stetig wachsende Zahl guter Kneipen und Lokale, weshalb man zum Essen nicht mehr nebenan ins verhasste Glockenbachviertel muss.

Die Haidhauser, zu denen nun ja auch ich gehörte, lächeln dagegen meist still in sich hinein und freuen sich, dass kaum einer weiß, wie prächtig Haidhausen wirklich ist (wovon sie selbst natürlich restlos überzeugt sind). So haben sie das Viertel für sich, was zur Folge hat, dass sich das Viertel kaum verändert. Trotzdem ist immer etwas los. Vor allem natürlich in den vielen Cafés.

Übers Westend hört man allenthalben, dass die Mieten dort noch günstig seien und junge Designer, Wirte oder sonst wie Kreative eine gute Chance hätten, hier ihr erstes Büro nicht nur zu finden, sondern auch bezahlen zu können. Wenn man auf der Suche nach alternativen Kneipen und Cafés sei, müsse man ins Westend. Unbedingt!

Selbst die Bewohner Neuhausens schwelgen von den Vorzügen ihres Viertels. Obwohl es da meiner Meinung nach, bei Licht betrachtet, gar nicht so viel zu schwelgen gibt. Mir wurde jedoch immer wieder versichert, dass wer noch nicht auf der lauschigen Dachterrasse des Cafés Ruffini gefrühstückt habe, der … Ja mei, dem sei halt nicht zu helfen.

Nur was die Menschen in Bogenhausen, Münchens Villenviertel, über ihr Quartier dachten, blieb mir verborgen. Vielleicht deshalb, weil dort vor allem Menschen wohnen, die ihr Leben bereits gelebt haben – und den Rest beim Edelitaliener und mit ihrem Steuerberater verbringen.

Nachdem ich mir die Ausführungen der Kollegen so angehört hatte, kam ich zu der Überzeugung, dass es eigentlich vollkommen egal ist, wo man in München wohnt. Hauptsache, es gibt ein paar gute Cafés und Kneipen in der Nähe.

11. Kapitel: In welchem die Macht der Verführung mehr und mehr das Zepter übernimmt

Wir hatten dem Umzugsstress schnell hinter uns gebracht. Das lag aber vor allem daran, dass die Hälfte unserer Umzugskisten noch immer nicht ausgepackt war, denn Francesca und ich diskutierten leidenschaftlich gern über den richtigen Platz für Sofa, Esstisch und den von ein paar anderen Möbeln. Also, eigentlich diskutierten wir über alle Möbel, die sich noch bewegen ließen. Nur Francescas monströser Kleiderschrank stand bereits unverrückbar an der Stelle, an der er ihrer Meinung nach hingehörte. Ich hatte auch eine Meinung dazu. Doch Francesca teilte mir mit, dass ich die besser für mich behalten solle und dass unsere Familie bereits verhungert wäre, wenn ich als Innenarchitekt arbeiten würde. Außerdem lernte ich zwei neue italienische Schimpfwörter.

Natürlich hatte die Positionierung des Kleiderschrankes eine Konsequenz. In diesem Fall ließ sich unser Bett nur noch so ins Schlafzimmer stellen, dass man mit den Füßen zur Tür schlafen musste. Was laut Francesca natürlich gar nicht ging, weil nur die Toten mit den Füßen zur Tür lägen. Solange Francesca diese Ungereimtheit nicht endgültig zu klären vermochte, schliefen wir halt im Wohnzimmer auf dem Sofa. Das stand zwar auch noch nicht am rechten Fleck, aber die Füße, die lagen dort, wo sie hingehörten. Mit anderen Worten, es war alles in bester Ordnung. Abgesehen von dieser einen Frage, die mir nicht aus dem Kopf wollte. Wo ist der Haken? An München? Diese Vielzahl an unwirklich schönen Tagen konnte unmöglich die ganze Wahrheit sein. Es gibt immer einen Haken!

War die Entdeckung der Langsamkeit anfänglich eine ungewohnte Erfahrung für mich, spürte ich, wie mir die Entschleunigung, die der Umzug nach München mit sich gebracht hatte, nach und nach guttat. Es ging mir blendend. Die Arbeit war nicht nur nicht anstrengend, sondern machte Spaß. Francesca und Oskar fühlten sich wohl. Und die meisten Menschen waren nett. Komisch, noch vor ein paar Monaten war »nett« für mich immer nur die kleine Schwester von »Scheiße« gewesen. Aber hier waren die Leute für mich nett, ganz ohne jeden Hintergedanken.

Wenn ich nach Hause kam, quatschte ich, besser gesagt ratschte ich, häufig eine halbe Stunde lang mit Frau Pschierer im Hausflur, die mir dort merkwürdig oft begegnete. Zufall? Besonders gerne sprachen wir über das Wetter und insbesondere über den Föhn, unter dem Frau Pschierer immer sehr litt. Denn der Fallwind aus Italien brachte der Stadt nicht nur schönes Wetter, sondern ihr leider auch Kopfschmerzen. Ich spürte nichts. Aber da Anneliese Pschierer auch wusste, bei welchem Metzger es die besten Bratwürste im Angebot gab und welcher Bäcker den besten Kuchen hatte, hörte ich ihr geduldig zu, wenn sie mir zum zehnten Mal erzählte, dass der Föhn eine rechte Plage und die Kopfschmerzen, welche er bei ihr hervorrufe, die schlimmsten überhaupt seien. Ganz anders als normale Kopfschmerzen. Nicht einmal Aspirin helfe dagegen. Abgesehen davon, dass sie ohnehin keine Tabletten schlucken würde, da sie eher der alternativen Medizin vertraue … In Gesprächen mit Frau Pschierer kam man so leicht vom Hundertsten ins Tausendste, und eine halbe Stunde verging wie im Flug. Doch die investierte Zeit lohnte sich, da ich Francesca und Oskar immer wieder mit Leckereien oder den ultimativen Pschierer'schen Ausflugstipps überraschen konnte.

Mittlerweile hatten wir auch die anderen Bewohner unseres Hauses kennengelernt. Neben Georg »Schorsch« Rieger im Erdgeschoss wohnte ein Ingenieur aus Frankreich mit seiner Frau. Er baute Raketen. Bei EADS. Machte aber sonst einen ganz normalen Eindruck. Die zweite Etage war fest in der Hand einer türkischen Großfamilie, die gleich beide Wohnungen gemietet hatte. Die verwandtschaftlichen Beziehungen der insgesamt zwölf Personen waren nur schwer zu entschlüsseln. Zur Familie gehörten jedenfalls, wenn ich mich nicht verzählt hatte, sechs Kinder, zwei Männer, drei Frauen und eine Oma. In der dritten Etage hatte es die pfundige Frau Pschierer mit zwei Studenten als Nachbarn zu tun. Neben uns wohnte eine Stewardess, die, wie es sich für ihren Beruf gehörte, mehr ein Phantom denn eine wirkliche Mitbewohnerin war. Über uns wohnte ein Pärchen, double-income-no-kids, die immer wie Hugo-Boss-Models aussahen. Wie sich herausstellte, war die bunte und vor allem internationale Bewohnermischung nicht etwa die Ausnahme, sondern die Realität im Viertel. Auf dem Spielplatz wurde neben Deutsch vor allem Türkisch, Italienisch, Englisch und vereinzelt auch Französisch gesprochen. Nach einer kurzen Recherche fand ich heraus, dass dieses multikulturelle Treiben einen schlichten Grund hatte. Aufgeregt rief ich bei Thomas an.

»Wusstest du, dass ein Viertel der Münchner Bevölkerung Ausländer sind? Das sind 25 Prozent!«

»Ach was, das ist doch nur bayerische Propaganda! Und du fällst drauf rein!«

»Nein, die Zahlen stimmen. München hat einen Ausländeranteil, der ist doppelt so hoch wie der von Berlin.«

»Na und?«

»Na und was? Ist doch komisch, dass ausgerechnet hier so viele Ausländer leben, wo sie doch angeblich keiner leiden mag!«

»Zufall!«

»Nee, die machen auch alle einen ziemlich entspannten Eindruck.«

»Hallo, wer spricht denn da? Kenne ich Sie? ... Falsch verbunden ... Also, du hörst dich an wie ... keine Ahnung wie, aber du hörst dich nicht nach dir selbst an. Vielleicht geben die ja in München was ins Wasser!«

»Das ist doch Quatsch. Apropos Wasser. Das Wasser, das hier aus der Leitung kommt, schmeckt wie frisch aus der Bergquelle. Wahnsinn.«

»Du hast noch nie Wasser aus einer Bergquelle getrunken.«

»Ja, schon gut. Aber es ist wirklich lecker. Francesca ist hin und weg. Noch zwei Wochen, und die hat einen Wasserbauch.« Das stimmte wirklich, Francesca, aufgewachsen in der Gluthitze italienischer Sommer, war bereit, für gutes Wasser zu morden. Was hatte ich in Berlin immer an Kisten geschleppt! Und dann sagte ich zu Thomas: »Eigentlich ist München ziemlich cool.«

Schweigen am anderen Ende der Leitung. Eine Ewigkeit lang.

»Thomas? ... Thomas? Ich kann dich atmen hören. Du hörst dich an wie ein perverser Sexanrufer!« Nur langsam gewann Thomas seine Fassung wieder: »Kann es sein, dass sich deine Lippen bewegen, bevor dein Gehirn zu arbeiten beginnt? Ich glaube, du bist der erste Mensch auf der Welt, der behauptet, dass München cool sei.«

»Nein, es ist komisch, ich versteh es ja auch nicht ganz, aber irgendwie machen die Leute hier alle einen sehr gelassenen Eindruck. Klar, es gibt auch wahnsinnig viele Typen, die voll auf diesen geleckten Lifestyle-Illustrierten-Style abfahren. Die sehen aus, als wären sie direkt aus der ›Glamour‹ oder der ›GQ‹ entsprungen, und führen sich auf, als hätten sie einen Stock im Hintern. Aber dann spazierste abends durch den Hofgarten, und da wird Boule gespielt. Von echten Franzosen. Und dann tanzen da auch Leute. Tango. Einfach so. Da gibt es so einen kleinen Pavillon in der Mitte des Gartens. Da wird Musik gemacht und getanzt. Jeden Sonntagabend. Das ist total schön. Und sobald die Sonne scheint, sind alle Leute immer draußen. Auch tagsüber, als ob keiner arbeiten müsste. Neulich haben wir eine Stunde lang den Windsurfern auf der Theresienwiese zugeschaut. Das ist auf dem Platz, wo sonst das Oktoberfest stattfindet. Oskar war begeistert. Und den Englischen Garten solltest mal sehen.«

»Ich kenne den Englischen Garten.«

»Siehste, aber wieso haste denn nicht erzählt, dass man da jeden Tag zum Kicken gehen kann, weil immer irgendwer Fußball spielt? So viel Grün, mitten in der Stadt. Und weißte, was ich mittlerweile am besten finde? Man braucht gar kein Auto in München. Kannst überall mit dem Fahrrad hinfahren. Gibt auch fast überall Radwege. Totaler Luxus.«

»Radwege?« Thomas klang entsetzt.

»Ja, Radwege!«

»Tschuldige, Ich glaub nicht, dass es der Menschheit dank Radwegen einmal besser gehen wird.«

Die gefühlte Gesprächstemperatur lag mittlerweile bei minus zwanzig Grad. Irgendwie kam meine München-Schwärmerei bei Thomas nicht so gut an. Aber es stimmte nun mal. München war anders und die Münchner sowieso. In einem kleinen Café in Schwabing hatte ich vor einigen Tagen ein Bild entdeckt. Eigentlich war es kein Bild, sondern ein gerahmter Sinnspruch. »Vom Ernst des Lebens halb verschont ist der schon, der in München wohnt.« Besser kann man das typische München-Gefühl nicht auf den Punkt bringen, diese eigenartige Mischung aus Entspannung, Entrückt-Sein und Ordnungsliebe. Dreimal war es uns bereits passiert, dass wir hilflos über unseren Stadtplan gebeugt nach dem rechten Weg gesucht hatten und jemand angehalten hatte, um zu fragen, ob er helfen könne. Einmal war eine ältere Frau sogar von ihrem Fahrrad abgestiegen und bestand darauf, uns zu bringen, da sie in die gleiche Richtung müsse. Nachdem die Dame herausgefunden hatte, dass Francesca Italienerin war, war sie ganz entzückt und führte das Gespräch in holprigem Italienisch weiter. Als wir am Ziel waren, sackte die Dame auch noch unsere Telefonnummer ein, schließlich würde sie ja immer wieder Leute kennen, die auf der Suche nach einem Privatkurs für Italienisch seien, und sie würde die Nummer gerne weitergeben, da Francesca ja als Lehrerin arbeitete. Und vielleicht bekomme sie auch selbst mal wieder Lust, an ihrem Italienisch zu arbeiten. Sie würde sich dann bei Francesca melden. Zwei Wochen später rief sie an.

»Weißt du, du hast ja recht«, sagte Thomas. »Mir ging es damals, als ich in München gewohnt habe, ganz ähnlich wie dir jetzt. Aber du musst aufpassen. München ist gefährlich. Das ist ein eigener Kosmos, in dem man schnell vergisst, welche Probleme es in der wirklichen Welt gibt.«

12. Kapitel: In welchem ein Berliner einen Berg rufen hört und das Gefühl nicht loswird, dass es sich dabei um Beschimpfungen handelt

Max Brunner besaß ein Haus mit Garten in Harlaching. Das war fast schon in Grünwald, dem Münchner Villen- und Promiviertel. Aber eben nur fast. Wir hatten uns sonntags zum Brunchen verabredet. Nach dem Essen wollten die Kinder unbedingt im Baumhaus im Garten spielen. Der Eingang des Holzhauses in drei Metern Höhe war allerdings nur über ein Seil zu erreichen, das leider abgerissen war, weshalb Max und ich in den Keller gegangen waren, um ein neues zu holen. Im Keller von Max sah es aus wie in einem kleinen Sportgeschäft. In einem Regal lagen ein gutes Dutzend Bälle – mehrere Fußbälle, ein Basketball, ein Volleyball für die Halle und einer für den Strand. Neben den Skiern und Snowboards, die ordentlich an eine Wand gehängt waren, befanden sich auch zwei Eishockeyschläger. Es gab mehrere Schlitten, ein Rennrad, zwei Trekkingräder und zwei City-Bikes. In einem Regal, das bis unter die Decke ging, waren rund drei Dutzend Schuhe gestapelt: Bergstiefel, Laufschuhe, Tennisschuhe, Schlittschuhe, Fußballschuhe. Konnte eine Familie wirklich so viel Sport treiben? Sie konnte. Nach dem, was mir Max erzählte, schienen er, seine Frau und seine Kinder ständig unterwegs zu sein. Im Sommer vor allem wandern, radeln oder in den umliegenden Seen schwimmen. Im Winter standen Schlittschuhlaufen, Eishockey, Skifahren, Rodeln, Snowboarden und Skitouren auf dem Programm. Auf einem Schrank neben dem Schuhregal stand »Zelte« zu lesen. Anscheinend schien Max auch davon mehrere zu besitzen.

»Wie viele Zelte habt ihr denn?«, wollte ich wissen.

»Vier!«

»Wozu brauchst du vier Zelte?«

»Ein Familienzelt für fünf Personen, wenn wir alle gemeinsam unterwegs sind. Zwei Zwei-Mann-Zelte, eines für mich und Rose und eines für die Zwillinge. Und dann habe ich noch ein winziges Biwakzelt, falls ich es mal bei meinen Touren, die ich alleine gehe, nicht schaffe, rechtzeitig vom Berg abzusteigen, und irgendwo notzelten muss.«

Notzelten? In den Bergen? Bisher hatte ich Max als einen vernünftigen, dreifachen Familienvater kennengelernt, soweit man von einem Bayern als vernünftig sprechen konnte. Die Notzelten-Seite seiner Persönlichkeit war mir bisher verborgen geblieben. Ich hätte es besser wissen müssen. Max war in den Bergen groß geworden, in einem kleinen Dorf in der Nähe von Aschau. Seine Mutter war Lehrerin an der Grundschule, sein Vater Bauer. Mit sechs konnte Max bereits lesen, schreiben und Traktor fahren. Sehr zum Missfallen seiner beiden älteren Brüder, die das pfiffige Nesthäkchen wohl öfter mit auf ihre Abenteuertouren mitnehmen mussten, als ihnen lieb gewesen war. Klar, dass so einer in der Natur zu Hause war. Ich dagegen war ein verwöhntes Stadtkind.

»Habt's ihr keine Berge droben in Berlin, gell?«

»Schuldenberge! Nur Schuldenberge haben wir. Höher als die Zugspitze!«, entgegnete ich lachend.

»Hast Lust?« Max schaute mich herausfordernd an. Da war es schon wieder. Diese knappe Art zu sprechen. Worauf sollte ich Lust haben? Manchmal, wenn Max im Büro mit einem Kollegen sprach, hatte ich den Eindruck, dass sie mit einem Minimum von Wörter auskamen. Der Großteil an Informationen wird anscheinend telepathisch übertragen.

»Servus! Und?«

»Schee war's. Oben aufm Hundskogel. Und selber?«

»Sonnenspitze.«

»Wie viel?«

»In fünf Stunden.«

»Sauber!«

»Kennst die Nordroute?«

»Dreimal ganga.«

»A Draum, gell?!«

Das Außergewöhnliche an diesen Steno-Gesprächen war, dass hinterher trotzdem jeder alles über das Wochenende des anderen zu wissen schien! Da ich noch nicht in die Regeln dieser typisch bayerischen knappen Informationsübertragung eingeweiht war, musste ich in solchen Gesprächen leider immer wieder nachfragen, worauf mein Gegenüber eigentlich hinauswollte. So auch dieses Mal.

»Lust? Worauf denn?!«, erkundigte ich mich bei Max.

»Auf a Bergtour. Nur wir zwei. Kinder und Frauen bleiben daheim, damit wir gescheit kraxeln können.«

»Nö, du lass mal. Ich hab eh nie verstanden, warum ihr in Bayern immer so ein Trara um die Berge macht. Ich find das ziemlich öde, stundenlang stumpfsinnig vor sich hin zu laufen. Diese ganzen Grenzerfahrungen, so nach dem Motto ›Mein langer Lauf zu mir selbst!‹, also das ist echt nicht so meins. Wenn ich Sport machen will, geh ich lieber Fußball spielen. Da passiert wenigstens ein bisschen was. Sogar Reinhold Messner hat mal gesagt, er sei ein Eroberer des Nutzlosen. Und der muss es ja wissen, bei den vielen Bergen, die er raufgelaufen ist.«

Max überlegte und sagte dann mit ruhiger Stimme. »Des sagst nur, weil du feig bist.«

»Max, wir sind beide nicht mehr im Kindergarten. Mit der Unterstellung von Feigheit kommst du bei mir nicht weit. Das funktioniert nicht.«

»Also doch, hoast Schiss, gell?«

»Also, das ist mir echt zu dumm.«

»Ja mei, i hätt jetzt net g'dacht, dass du so oan Hosenbiesler bist.«

»Ich bin kein Hosenbiesler«, erklärte ich empört.

»Na, dann bist halt a Breznsalzer, wenn dir des liaba is.«

»Ich bin auch kein Breznsalzer. Was soll das denn überhaupt sein?«

»Ja, wennst koa Hosenbiesler und Breznsalzer net bist, dann könn mir zwei ja auch wandern gehen.«

»Ja, können wir«, erklärte ich bockig. »Und du wirst sehen, Stumpfsinn bleibt Stumpfsinn. Aber ich bin überhaupt nicht ausgerüstet. Und für einmal wandern geb ich nicht ein paar hundert Euro für Ausrüstung aus.«

»A geh, die Ausrüstung kriegst von mir.« Klar, mit dem, was er im Keller hatte, war er wahrscheinlich in der Lage, eine Himalaya-Expedition in drei Tagen auszustatten. »Und wenn mir dann erst amoi oben sind, dann koanst des dir selbst anschauen, warum wir Bayern so ein Trara um die Berge machen.«

»Genau, und hinterher bin ich bestimmt auch ein besserer Mensch, so wie ihr alle hier! Weil ich in den heiligen Bergen Bayerns wandern war. Amen.«

Max lachte listig: »Ja mei, ob du a bessrer Mensch wirst, des kann i dir net versprechen. Aber dei Grenzerfahrung, die koanst scho haben! Woißt was? Ich wollt schon immer mal wieder die Watzmannüberquerung machen!«

Max ging zu einem Schrank, kramte eine Kiste mit Fotos hervor und wühlte darin herum. »Wo san bloß die verflixten Fotos?« Wenig später hielt er mir einen Packen Bilder entgegen. »Da, die hab ich auf meiner letzten Watzmanntour gemacht!«

Beim Betrachten der Fotos wurde mir schwindlig. Auf einem

sah man im Vordergrund nur den unscharfen Kopf von Max. Offensichtlich hatte er die Kamera einfach von sich weggehalten, um das Foto zu machen. Hinter seinem Kopf war der Weg zu erkennen, den er offensichtlich gegangen war und auf dem noch andre Menschen herumkletterten: kleine bunte Punkte inmitten von grauem Stein. Mein Schwindelgefühl rührte daher, dass auf dem Bild eben nicht wirklich ein Weg zu sehen war, sondern nur eine steile Felswand, die beinahe senkrecht nach unten abfiel. Ich konnte mir nicht helfen, aber je länger ich das das Bild anschaute, desto öfter sah ich, wie sich einer der roten und blauen Menschenpunkte von der Felswand löste und in den Abgrund fiel. Und im Vordergrund lachte nicht mehr der unscharfe Max, sondern Gevatter Tod.

»Entschuldige mal, aber muss man da nicht klettern können?«

»Naa, wennsd laufa koanst, dann kimmst a den Berg nauf.«

Vielleicht hätte ich mich doch lieber nicht so abfällig über das Wandern äußern sollen. Aber eine Blöße vor Max wollte ich mir jetzt auch nicht mehr geben. Von wegen Hosenbiesler.

»Wann soll's denn losgehen?« Ich versuchte so gelangweilt wie möglich zu klingen.

»Schaun mer mal, wenn's Wetter passt, können ma frühestens in einem Monat gehen. Eher in zwei. Wenn oben noch Schnee liegt, geh I mit dir net. Des is zu gefährlich. Wennsd mogst, kann dein Bua das Wochenende bei uns verbringen«, fuhr Max fort. »Dann können er und die Zwillinge im Baumhaus übernachten.«

»Gern, aber sind die Kinder zum alleine draußen Schlafen nicht noch ein bisschen zu jung?«

»A, geh! Des passt scho!« Klar passte das schon. Und es gibt auch keinen Unterschied zwischen Selbstsicherheit und Größenwahn. Wozu redeten wir beide eigentlich miteinander?

Als wir mit einem neuen Stück Seil wieder nach oben zu den Frauen und Kindern gingen, wurden wir vom Kampfgeheul einer vollkommen außer Rand und Band geratenen Horde Indianer empfangen. Die Zwillinge und Oskar tobten schreiend durch das Zimmer. Von der Kavallerie – den Müttern – und dem kleinen Julian fehlte dagegen jede Spur.

»Simon, Lukas! Wo ist denn der Julian?«

Simon hielt in seinem Geheul kurz inne, während Lukas und Oskar davonstürmten. Beide Hände in die Hüfte gestemmt, verkündete er mit trotziger Stimme:

»Das Bleichgesicht wurde bestraft! Wir haben ihn an den Marterpfahl gefesselt.«

»Was habt ihr!? Wo sind überhaupt eure Mütter?«

»Die sitzen in der Küche und ratschen.«

»Ja mei, i sog dir was, du gefährliche Rothaut. Der Julian ist gerade mal zwei. Es ist feige und unfair, ihn an den Marterpfahl zu fesseln. Du gehst jetzt raus und bindest ihn los. Und dann schnappst du dir gemeinsam mit Lukas den Oskar zum Fesseln. Einverstanden?«

»Ja, gut«, schmollte Simon leicht enttäuscht und wollte abhauen.

Ich glaubte, mich verhört zu haben.

»Halt! Ähh, also ich glaube nicht, dass ich es so eine gute Idee finde, den Oskar an den Marterpfahl zu fesseln! Findest du nicht, dass solche Spiele ein bisschen zu gewalttätig sind?«

»A geh, des san Buam, und die müssen sich ein bisschen raufen«, entgegnete mir Max seelenruhig. Und zu Simon gewandt sagte er: »Änderung im Plan. Du bindest Julian los, und dann schnappst du dir gemeinsam mit dem Oskar den Lukas zum Fesseln.«

Wenig später sah ich, wie Simon und Oskar Lukas unter lautem Geschrei in den Garten zogen. Meine pazifistischen Erziehungsversuche der letzten zwei Jahre waren innerhalb von fünf Minuten komplett den Bach runtergegangen. Ganz offensichtlich bereitete dieses Spiel Oskar großen Spaß, und selbst Lukas schien nicht wirklich unglücklich mit seinem Part zu sein. Im Gegenteil, er stieß einfach eine Reihe wilder Flüche in Richtung seiner beiden Peiniger aus und fügte sich sonst in sein Schicksal. Und auch wenn Max mir bereits erklärt hatte, dass »hinterfotzig« eigentlich kein so schlimmes Schimpfwort sei, fragte ich mich, ob es nicht besser sei, den Kindern zu sagen, dass man mit solchen Worten lieber sparsam umgehen sollte. Vor allem draußen im Garten, wo die Nachbarn jedes dieser Worte mitbekamen. Aber es waren ja die Nachbarn von Max und nicht meine. Und Max würde schon wissen, was er tut. Das tat er schließlich immer. Ich wünschte, ich könnte dasselbe von mir sagen. Mit der Wanderung hoch auf den Watzmann hatte ich mir jedenfalls ganz schön was eingebrockt.

Auf der Heimfahrt, Oskar war bereits nach wenigen Minuten im Auto eingeschlafen, unterhielt ich mich mit Francesca über den Plan, gemeinsam mit Max eine Bergtour zu machen. Sie lachte.

»Du willst wirklich bergsteigen gehen?«

»Aber klar doch, warum nicht? Max meinte, wer laufen kann, der käme auch einen Berg hoch.«

»Na dann …« Francesca lächelte still vor sich hin. Anscheinend war es um meinen Ruf als Sportler nicht mehr allzu gut bestellt. Klar hatte ich in den letzten Monaten nicht allzu viel Sport gemacht und war vielleicht ein wenig eingerostet. Aber deswegen hatte ich noch längst nicht diesen spottenden Unterton verdient.

»Worüber habt ihr euch eigentlich die ganze Zeit in der Küche unterhalten?«, lenkte ich vom Thema ab.

Ohne Erfolg: »Wir haben uns darüber unterhalten, wie es ist, mit alten Männern verheiratet zu sein, die immer noch meinen, dass sie auf hohe Berge steigen müssten.«

Na toll.

»Und weißt du, was wir herausgefunden haben? Wir haben herausgefunden, dass es perfekt ist, mit solchen Männern verheiratet zu sein.«

Francesca beugte sich zu mir und gab mir einen Kuss. »Das war ein sehr schöner Tag. Auch wenn ich wieder nur die Hälfte von dem verstanden habe, was Anna mir erzählt hat. Und du hast wirklich keinen Bammel vor dem Bergsteigen?«

»Natürlich nicht! Ich bin schließlich kein Breznsalzer«, sagte ich und versuchte dabei so überzeugt wie möglich zu klingen. Wie heißt es hier in Bayern doch immer? Der Berg ruft! Ich konnte ihn buchstäblich schon hören, wie er an meine Adresse gerichtet höhnte: »Na komm doch endlich hoch, du Lusche!« Nein, »Bammel« war definitiv nicht das richtige Wort für meinen Gemütszustand. Ich fand, der Begriff »Panik« war wesentlich treffender.

13. Kapitel: In dem versucht wird, vor dem Tod davonzulaufen und dabei eine möglichst gute Figur zu machen

Ich war tot. So was von tot. Zwei Monate hatte ich noch zu leben. Dann würde ich mit Max in die Berge fahren und niemals von dort wieder zurückkehren. Ich wusste es. Immer wieder kamen mir die abenteuerlichen Fotos in den Sinn, die Max mir gezeigt hatte. Meine Panik hatte sich mittlerweile verfestigt. Ich hatte im Internet die geplante Tour recherchiert und war auf drei, vier Fotoserien gestoßen, die die Bilder von Max noch übertrafen. Die sahen einfach verdammt gefährlich aus! Obwohl die meisten Leute auf den Bildern lachten. Danach war mir beim Gedanken an die Tour längst nicht mehr zumute. Es ist ja nicht so, dass ich Höhenangst hätte. Aber Angst, von so weit oben runterzufallen, die habe ich schon. Ich konnte mich noch gut daran erinnern, wie ich als Sechsjähriger mit einem Freund aufs Dach unseres Wohnhauses in Berlin geklettert war. Ein Flachdach. Bis an den Rand waren wir gegangen und hatten hinuntergeschaut. Damals haben wir das einfach so gemacht. Ohne uns etwas dabei zu denken. Wenn ich mir jetzt, mit 34, die Szene wieder vor Augen rief, wurde mir ganz anders. Was damals alles hätte passieren können. Bei dem Gedanken daran wurde mir schlecht. Vielleicht lag es daran, dass ich nicht mehr mich, sondern Oskar an meiner Stelle sah, wenn ich an diese Kindheitserlebnisse zurückdachte.

»Gescheit kraxeln gehen«, hatte Max gesagt. Der hatte gut reden. Ein Mensch, der bereit war, in einem winzigen Zelt in den Bergen zu schlafen, war in meinen Augen verrückt. Dabei hatte Max doch drei reizende Kinder. Und eine nette Frau. Für die lohnte es sich doch zu leben. Ich wollte das auf jeden Fall tun. Leben! Also nicht für seine Frau und seine Kinder. Sondern für Francesca und Oskar.

Noch zwei Monate. Wenn man Berichte über dem Tode geweihte Menschen liest, heißt es immer, dass diese ihre letzten Tage umso intensiver leben und dass sie, getragen von einer Welle der Euphorie, die ihnen verbliebene Zeit bis zum Letzten auskosten. Ich hatte leider nur Schiss. Sehr intensiv zwar, aber von Euphorie war weit und breit keine Spur. Um mir wenigstens eine Restchance aufs Überleben zu bewahren, beschloss ich, mich einigermaßen in Form zu bringen. Also tat ich das, was jeden Tag tausende Münchner tun, um in Form zu kommen oder zu bleiben. Ich ging joggen. Die Wahrscheinlichkeit, in München bei einem halbstündigen Spaziergang einem Läufer zu begegnen, liegt bei neunzig Prozent. Sie rennen immer und überall. Am Silvesterabend. Wenn es regnet. Wenn es schneit. Die Münchner rennen sogar auf Friedhöfen. Oder den Berg im Olympiapark hoch. Als ob es noch nicht anstrengend genug wäre, einfach nur geradeaus zu laufen. Am liebsten aber laufen die Münchner durch den Englischen Garten. Oder an der Isar entlang. Dorthin wollte auch ich. Die Isar lag nur fünf Minuten mit dem Fahrrad entfernt. Und auf der rechten Seite stadtauswärts zog sich ein schöner Schotterweg den Fluss entlang. Als ich nach einer Stunde wiederkam, war ich fix und alle. Auf der Strecke hatten sich dramatische Szenen abgespielt.

»Ich bin von Frauen überholt worden«, schnaufte ich Francesca entgegen.

»Was für Frauen?«, fragte sie amüsiert.

»Sehr, sehr schnelle Frauen! Es war furchtbar.«

Ich hatte mir eine Strecke von sieben Kilometern vorgenommen. Schön ausgemessen mit Google Maps. Das bedeutete, dass ich vom Maximilianeum bis zum Freisinger Wehr laufen musste. Hin und zurück. Ich fand sieben Kilometer ambitioniert, aber nicht übertrieben. Nach zwei Kilometern, ich war bereits seit einem Kilometer bereit umzukehren, passierte es. Eine junge Frau in knappen weißen Shorts und einem ärmellosen hellblauen Top federte lockeren Schrittes an mir vorbei. Komisch, bei ihr sah das mit dem Joggen sehr viel leichter aus, als es sich für mich anfühlte. Verzweifelt versuchte ich, das Tempo anzuziehen und Schritt zu halten. Es muss ausgesehen haben, als ob eine Gazelle und ein Elefant um die Wette laufen. Nach dreihundert Metern gab ich auf und hatte hoffnungslos überzogen. Ich hätte mein eigenes Tempo weiterlaufen sollen. Selbst meine fünfminütige Verschnaufpause am Wehr nutzte nichts. Die dreieinhalb Kilometer zurück waren eine einzige Demütigung. Manch Fünfzig- und Sechzigjähriger sah frischer aus als ich. Überhaupt war ich ein Exot auf der Strecke in meinen Baumwollhosen und einem einfachen T-Shirt, das durchgeschwitzt an meinem Körper klebte. Loden, Dirndl, Lederhosen – alles schön und gut, aber die moderne bayerische Tracht heißt Goretex. Die Mehrzahl der Läufer, die mir auf der Strecke begegneten, war von Kopf bis Fuß perfekt mit bunter Funktionskleidung ausgerüstet. Doch für mich spielte das keine Rolle. Ein Hightech-Shirt hätte mich auch nicht schneller gemacht. Ein anderes Phänomen, das ich auf der Strecke erlebt hatte, beschäftigte mich ohnehin viel mehr. Und Francesca auch, wie sich bald herausstellte.

»Nicht nur, dass mich Frauen überholt hatten ...«, erzählte ich Francesca weiter. »Das Beste kommt erst noch: Ich habe Frauen gesehen, die waren beim Laufen geschminkt.«

»Seit wann erkennst du, dass eine Frau geschminkt ist?«, fragte Francesca skeptisch.

»Ich sag's dir. Die werfen sich derart in Schale, als ob es gar nicht darum geht, zu laufen, sondern zu flirten. Die gucken auch immer so zu einem. München gilt ja nicht umsonst als Single-Hochburg. Ich glaub, fünfzig Prozent der Münchner leben allein. Irgendwie müssen die ja mal unter die Haube kommen. Gott sei Dank bin ich durch die magische Kraft meines Eheringes vor derlei Avancen geschützt.«

Das nächste Mal lief Francesca mit. Sie hatte Frau Pschierer gefragt, ob sie für eine Stunde auf Oskar aufpassen könnte, worüber diese sich sehr gefreut hatte. Wenn ich den Gesichtsausdruck von Oskar richtig interpretiert hatte, beruhte die Freude nicht auf Gegenseitigkeit. Doch Francesca hatte ihm ein neues Spielzeugauto für seinen in meinen Augen bereits viel zu stattlichen Fuhrpark versprochen, sollte er sich folgsam in sein Schicksal fügen.

Diesmal überpowerte ich beim Laufen nicht. Gott und Francesca sei Dank. Und neben der magischen Kraft meines Eheringes beschützen mich auch die mal herausfordernden, mal giftigen Blicke Francescas vor den Avancen topgestylter Joggerinnen. Francesca war nach unserer Runde fassungslos und hatte schlechte Laune, wie ich auf dem Weg zurück nach Hause zu spüren bekam.

»Ich war überhaupt nicht richtig angezogen«, maulte Francesca, die mit Sportklamotten genauso ausgestattet war wie ich. Eher so die klassische Baumwollschule.

»Wieso? Das war doch ein guter Lauf. Ich fand's prima«, versuchte ich die Wogen der Erregung zu glätten.

»Aber alle anderen Frauen auf der Strecke waren viel besser angezogen als ich.«

»Das ist doch egal. Es geht doch ums Laufen. Hauptsache, man hat Spaß und tut was Gutes für sich.«

Am nächsten Tag ging Francesca einkaufen und gab dabei sehr viel Geld aus. So, wie es sich für eine echte Münchnerin gehört. Als sie von ihren Beutezug zurückkam, präsentierte sie mir jedoch nicht als Erstes ihre neuen Laufklamotten, sondern eine fußballgroße Hirschfigur. Pinkfarben. Über und über mit Glitzer überzogen. Bayerischer Kitsch im trendigen Lifestyle-Gewand. Der funkelnde Hirsch war mir bereits in den Schaufenstern einiger Geschäfte in der Nähe aufgefallen.

»Was ist das denn?«

»Das ist ein Hirsch!«, erklärte Francesca stolz das Offensichtliche. Warum der Hirsch aussah, als wäre er in einen Eimer Lipgloss gefallen, behielt sie für sich.

»Das ist doch kein Hirsch! Das ist…« Ich rang nach Worten. »Du kannst das da ja mal dem lieben Rieger Schorsch zeigen. Der kennt sich mit Rotwild aus, und der wird dir sagen, dass das da kein Hirsch ist.«

Wenn Bruce Darnell für eine Woche den lieben Gott vertreten dürfte, dann würden Hirsche vielleicht so aussehen wie dieser da. Aber dann würden Handtaschen auch leben. Und Laufen in High Heels mit Fünfzehn-Zentimeter-Absätzen wäre Pflichtfach an der Schule. Auch für die Jungs.

»Gefällt er dir etwa nicht? Mir gefällt er sehr!«, meinte Francesca und drehte den Hirsch hin und her, damit ich das Elend von allen Seiten betrachten konnte.

»Was sollen wir denn damit?«, jammerte ich.

»Der kommt auf unsere Kommode im Schlafzimmer«, erklärte Francesca vergnügt.

»Ins Schlafzimmer!« Die Vorstellung, in meinem Schlafzimmer von einem pinkfarbenen Glitzerhirsch angegafft zu werden, behagte mir gar nicht. Es hatte vor einigen Jahren bereits einmal eine längere Diskussion um Familienfotos auf dem Nachtschrank gegeben. Vor allem die Schwiegermutter musste ich dort nicht haben. »Auf keinen Fall kommt der Hirsch ins Schlafzimmer!«

»Wieso denn nicht?« Francesca schaute mich herausfordernd an.

»Dieser Hirsch hat eine sehr impotente Aura. Ich spüre das! Ich kann nicht, wenn er zuguckt«, versuchte ich ihr zu drohen. Doch Francesca ließ es drauf ankommen.

»Ach, das werden wir ja sehen.«

14. Kapitel: In dem zusammenpasst, was eigentlich nicht zusammengehört, und die bayerische Logik das Gehirn eines Berliners arg strapaziert

Im Leben von Anneliese Pschierer gab es drei Regelmäßigkeiten: Immer dienstags schleppte ihr ein junger Mann vom Getränkeservice eine Kiste Bier in die Wohnung. Abends hörte sie gerne Jimi Hendrix, The Doors und andere Klassiker der siebziger Jahre. Und außerdem roch es vor ihrer Wohnung meist nach Räucherstäbchen, irgendeine fiese Kräutermischung. Heute am Sonntag roch es anders. Nach frisch gebackenem Kuchen. Frau Pschierer hatte uns nach unserem Einzug noch dreimal auf einen Kaiserschmarrn eingeladen. Eigentlich immer, wenn sie einen von uns zufällig im Treppenhaus zu Gesicht bekam. Heute war es endlich so weit. Und wenn der Kaiserschmarrn nur halb so gut schmeckte, wie er roch, hatten wir nichts zu fürchten. Francesca hatte sich fest vorgenommen, Frau Pschierer unbedingt nach dem Rezept zu fragen, um damit bei Gelegenheit ihre italienische Sippe zu bekochen.

»Das riecht fantastisch«, sagte ich. »Wunderbar, herzlichen Dank noch mal für die Einladung«, bemerkte auch Francesca, während Oskar ins Wohnzimmer stürmte. Er kannte sich ja hier bereits aus.

»Ah, gell. Des freut mich, dass Sie Zeit gefunden haben. Gehn S' doch in die Stubn nei und nehmen S' Platz. Mit dem Kaiserschmarrn dauert's noch a weng. Trinken S' lieber oanen Tee oder Kaffee?« Lieber Kaffee. »Und der Oskar?«

»Haben Sie einen Saft?«, fragte Francesca. »Apfel oder Orange?«, lautete Frau Pschierers Angebot.

»Orange«, meldete sich Oskar aus dem Wohnzimmer.

Merkwürdig, wie gut Kinder hören können, wenn sie hören wollen.

»So a herziger Bua… jetzt gehn S' aber nei und machen S' sich bequem.«

Die Stube sah nicht aus wie eine Stube. Einzig ein bunt bemalter Bauernschrank und das mächtige grüne Sofa passten in die Vorstellung, die ich mir von der Einrichtung gemacht hatte. Vor dem Sofa stand ein asiatisch anmutender Massivholztisch. An der Wand stand eine mächtige Schiffstruhe mit schweren Messingbeschlägen. Im Regal daneben entdeckte ich eine aus dunkelbraunem Holz geschnitzte Giraffe, die offenbar aus Afrika stammte. Daneben lag eine Schildkröte aus Ton. An den Fenstern hingen orientalisch gemusterte Vorhänge. Nach weißer Spitze suchte ich vergebens. Hinzu kamen Dutzende Fotos von den berühmtesten Sehenswürdigkeiten der Welt. Das Taj Mahal in Indien. Die Pyramiden in Mexiko. Die Golden Gate Bridge in San Francisco. Sogar die Verbotene Stadt war auf einem der Bilder zu erkennen. Auf manchen der Bilder sah man die junge Frau Pschierer, die strahlend in die Kamera lachte. Manchmal stand ein kräftiger Mann neben ihr, mit dichten dunklen Haaren und einem markanten sonnengegerbten Gesicht. Ihr Mann?

»Schau mal, dieser schöne Topf da«, bemerkte Francesca und zeigte auf eine Art Suppenterrine mit Deckel. Nur, dass diese Terrine aus Holz war. Frau Pschierers Wohnzimmer war ein buntes Sammelsurium von schönen Dingen und Nippes aus aller Welt. »Sieht irgendwie überhaupt nicht bayerisch aus, oder?«, flüsterte ich zu Francesca. Sie nickte. Frau Pschierer kam mit dem Kaffee und schenkte uns ein.

»Frau Pschierer, wo haben Sie nur all diese Sachen her?«

»Das meiste hat mein Mann von seinen Reisen mitgebracht.

Er war Schiffsmechaniker, müssen Sie wissen. Der Tisch zum Beispiel«, sie zeigte auf den massiven Couchtisch zu unseren Füßen, »das ist ein Kang-Tisch. Der stammt aus Indonesien.« Francesca und ich staunten, und Frau Pschierer erklärte uns, woher die Möbel oder Skulpturen kamen. Die merkwürdige hölzerne Suppenterrine entpuppte sich als antiker Reisbehälter.

Der Kaiserschmarrn von Frau Pschierer schmeckte noch besser, als er roch.

»Wie machen Sie das bloß. Können Sie mir bitte das Rezept verraten? Das muss ich haben!«

Frau Pschierer lachte. »Naa, des is an altes Familienrezept. Des derf i net hergeben. Wenn S' den Kaiserschmarrn mögn, können S' ja gerne immer wieder bei mir vorbeischauen.«

Francesca bemühte sich noch eine Weile, doch das Geheimnis ihres Kaiserschmarrns war Frau Pschierer nicht zu entlocken.

»Ihr Mann fuhr also zur See? Kam er von hier oder aus dem Norden?«, wechselte ich das Gesprächsthema.

»Der Michi? Der is in Passau geboren.«

»Ein bayerischer Matrose. Ich wusste gar nicht, dass es so etwas gibt.«

»Ja mei. Bei ihm daheim fanden das auch alle merkwürdig. Seine Mutter hat eine Woche lang geweint, nachdem er verkündet hatte, dass er zur See fahren würde und monatelang von daheim weg sein würde. Aber er konnte nicht anders. Er wollte die Welt sehen.«

»Und wie haben Sie sich kennengelernt?«

»Lachen Sie nicht. Des war in Indien. Er lag mit seinem Frachter dort vor Anker, und ich machte mit einer Freundin Ferien. Er hat mich gesehen, ist zu mir gekommen und hat gesagt: ›I bin der Michael.‹ Für mich hat sich des angehört, als hätt er gesagt: ›I bin dein Mo.‹«

»Mo?«, flüsterte Francesca zu mir.

»Mann!«, flüsterte ich zurück.

»I hab ihn bloß ogschaut und gesagt: ›I bin die Anneliese.‹ Und von da an waren wir ein Paar. I bin dann mit auf seinen Frachter. Einen Monat lang waren wir auf See. Des war quasi unsere Hochzeitsreise. Obwohl wir noch gar nicht verheiratet waren. Des ham mir in München dann gleich nachgeholt. Mei, ich hätt nie gedacht, dass ich einmal so viel von der Welt sehen würd. Wann immer es ging, bin i mit dem Michi mitgefahren. Drei, vier Monate im Jahr waren wir eigentlich immer gemeinsam unterwegs.«

»Wo waren Sie denn überall?«

»Vor allem in Asien und Afrika. Wobei es mir in Asien immer besser gefallen hat. In Südamerika warn wir auch. Nur nach Australien sind wir nie gekommen.«

»Fliegen Sie heut denn auch noch oft durch die Welt?«

»Naaa, des moch i nimmer.« Frau Pschierer zeigte auf ihren fülligen Körper. »Wissen S', zum Reisen muss man frei sein. Der Michi und ich, mir ham damals immer am Strand geschlafen. Im Zug. Oder auf dem Bahnhof. Oder bei Leuten, die uns eingeladen haben. Wissen S', in Goa zum Beispiel, da gab's ja genug Hütten, die wer gebaut hat. Da ist man immer irgendwo untergekommen. Wenn die einen geschlafen haben, haben die anderen getanzt und umgekehrt. Heut dieses Durchorganisierte, des könnt ich nicht.«

Wahnsinn, Frau Pschierer war ein waschechter Hippie, gefangen im Körper einer bayerischen Oma. Ich versuchte, sie mir in Goa vorzustellen, wie sie zugedröhnt, vielleicht sogar hüllenlos, zu psychedelischen Klängen am Strand tanzte. Es passte so gar nicht zu dem Bild spießiger Gemütlichkeit, für das die Bayern standen. Komisch, irgendwie sind nicht einmal mehr die Vorurteile das, was sie einmal waren. Aus der Liebe zum Tanzen hatte Frau Pschierer einen Beruf gemacht. Ihr gehörte eine Tanzschule. Und obwohl Anneliese Pschierer ordentlich zugelegt hatte, konnte man an ihren Bewegungen leicht erkennen, dass sie eine gute Tanzlehrerin war.

»Wir machen auch Kindertanz«, sagte Frau Pschierer.

»Oh, che bello – wie schön!« Francesca war begeistert. »Das schauen wir uns gerne mal an! Nicht wahr, Oskar?« Der Angeklagte verzichtete darauf, noch etwas zu seiner Verteidigung zu sagen, und nahm das Urteil stillschweigend an. Frau Pschierer hatte mittlerweile eine Schnapsflasche auf den Tisch gestellt. Die Flasche ohne Etikett enthielt eine orangegelbe Flüssigkeit.

»Marillenlikör! Den müssen S' probieren! Selbst gemacht. Den bringt mir eine Freundin immer mit.« Likör, das Getränk von Menschen, die ein Leben auf dem Sofa führen. Oder war Frau Pschierers Freundin auch ein Alt-Hippie und hatte die Marille mit LSD oder anderen bewusstseinserweiternden Drogen angerührt? Der erste Schluck war eine echte Herausforderung. Bei Frau Pschierers Freundin schien der Übergang vom Likör zum Schnaps fließend zu sein. Das Gesöff war stark, aber trotzdem süffig.

»Wissen S', was mei Michi immer gesagt hat, wenn wir von unseren Reisen wiederkamen? Anneli, hat er gesagt, hier, zu Hause, ist es am besten. Und wissen S' was? Ich find, er hat recht gehabt.«

»Was ist denn mit Ihrem Mann passiert?«, fragte ich vorsichtig an und erwartete die ausführliche Beschreibung einer langen Krankheit. Alte Damen machen das ja gerne. Doch Frau Pschierers Antwort war sehr überraschend.

»Ja mei, der Michi, der is vor zehn Jahren ausgewandert. In die Karibik.« Ausgewandert? Und das, obwohl es zu Hause doch am besten ist. War das nicht ein Widerspruch? Für mich war das ein Widerspruch! Für Frau Pschierer schien das ganz normal zu sein.

Francesca war ebenso erstaunt wie ich. »Wollten Sie nicht mitgehen?«

»Naa, wissen S', ich hab die Welt gesehen. Und eins können S' mir glauben. München is so schee.«

»Schee?«, flüsterte Francesca.

»Schön«, flüsterte ich zurück.

Frau Pschierer fuhr fort. »Und des Land drum herum, die Berge, des is auch so schee. Wieso sollt ich woanders leben, wenn's hier doch schon so schee is.«

»Haben Sie wirklich keinen schöneren Ort als Bayern gefunden auf Ihren Reisen?«

Frau Pschierer überlegte, als würde sie über diese Frage zum ersten Mal in ihrem Leben nachdenken. Und dann sagte sie: »Wissen S', schöner als schön. Des geht doch gar nicht.«

Da hatte Frau Pschierer natürlich vollkommen recht. Der bayerischen Logik kann man sich schwer entziehen. Die bayerische Logik wirkt. Nicht etwa, weil man sie so gut versteht, das nicht. Die bayerische Logik wirkt, weil sie einem die Schmerzen beim Denken nimmt. Vor allem, wenn man sie in Verbindung mit einen ausgezeichneten Marillenlikör zu sich nimmt, den ich so langsam zu spüren begann. Wenn ich für den Watzmann wirklich fit werden wollte, sollte ich mich in den nächsten Tagen gesünder ernähren. Und vor allem nicht mehr so viel trinken.

»Wollen S' vielleicht no a Gläschen?«, hörte ich Frau Pschierer fragen. Wieso klang sie nur so weit weg, wenn sie mir doch einen Meter gegenübersaß? Aus derselben Ferne hörte ich, wie jemand sagte: »Ja, gern. Der Likör ist wirklich fantastisch.« Komisch, diese Stimme klang genau wie meine. Verflixt.

15. Kapitel: In welchem ein Berliner die Abgründe der bayerischen Küche entdeckt und dann auch noch in die selbigen hineingestossen wird

Max saß in der Teeküche im Büro und aß Weißwurst. Es war kein schöner Anblick. Stumm schaute ich zu, wie er das graue Fleisch geräuschvoll aus der Pelle zuzelte. Als Max endlich fertig war, leckte er sich genüsslich seine fettigen Finger ab, griff zum Weißbierglas und nahm einen kräftigen Schluck. Es war Montag, neun Uhr morgens. Ein seliges Lächeln umspielte seine Lippen, seine kleinen Knopfaugen funkelten. Max Brunner war mit sich und der Welt zufrieden. Wie immer.

»Wuißt oane?«, fragte er, als er mich bemerkte, und zeigte hinüber zu einem Topf, der auf einer der beiden Herdplatten stand und in dem noch ein Paar aufgequollene Würste schwammen. Sie sahen aus wie Wasserleichen. Jedenfalls stellte ich mir Wasserleichen so vor. Ich hatte noch nie in meinem Leben welche gesehen. Und wenn alles gut lief, würde sich daran auch nichts ändern. Nur in den Krimis, die ich ab und an las, wurden Wasserleichen eben stets genau so beschrieben wie die Weißwürste, die da im Topf schwammen: aufgedunsenes, graublaues Fleisch.

»Nein, danke, ich trink erst mal einen Kaffee«, beschied ich Max. »Wieso isst du Weißwürste im Büro?«, fragte ich höflich. »Und machst am Montagmorgen einen Frühschoppen!«, schrie es in mir. Aber ich wollte mich dem Thema vorsichtig nähern. Vielleicht hatte ja alles seine Richtigkeit. Sorgen um seine Fitness schien sich mein Wanderkollege im Gegensatz zu mir jedenfalls keine zu machen.

»Ich krieg zu Hause nix mehr zu essen!«, sagte Max und hangelte im Topf nach der nächsten Wurst. Wieder dieses saugende und schmatzende Geräusch.

»Wurdest du auf Diät gesetzt?«, wollte ich wissen. »A bisserl gebrauchen könntest des scho«, versuchte ich ihn zu necken. Doch Max ging nicht darauf ein.

»Naa, s'is viel schlimmer als Diät. Die Anna ernährt uns jetzt basisch«, quetschte Max zwischen zwei Bissen hervor.

»Wie bitte? Was? Sorry, ich versteh nur Bahnhof.«

»Nicht Bahnhof, basisch! Basische Ernährung hilft gegen Übersäuerung. Sagt Anna.«

Max erklärte mir ausführlich den neuen Gesundheitstick von Anna, den sie sich in einer Illustrierten angelesen hatte. Schon immer habe sie ein großes Faible dafür gehabt, Lifestyle-Trends ins reale Familienleben zu integrieren, erklärte Max weiter. Trends, von denen er, Max, immer geglaubt habe, dass sie nur in den Medien existierten. So wie dieses Kochbuch, das gar kein Kochbuch war. Sondern vielmehr eine Kiste mit Rezept-kärtchen. Die man aus dem Kästchen ziehen konnte.

»Wir haben zwanzig Kochbücher zu Hause. Wozu brauchen wir so einen Schrott?«, echauffierte sich Max. Er hatte Anna wohl dieselbe Frage gestellt: »Anna meint, dass sie sich dank der Rezeptkärtchen besser entscheiden könne, was wir am Abend essen. In den Kochbüchern würde sie immer zu lange blättern und am liebsten alles kochen. So zieht sie einfach ein Rezept. Fertig. Und was, wenn sie etwas zieht, worauf keiner Lust hat? Gut, die Kinder antworten auf die Frage, was sie zum Abend essen wollen, eh immer Pommes mit Ketchup. Aber ich bin doch auch noch da! Und jetzt auch noch der Quatsch mit der Übersäuerung. Weißt, was es bei uns heut Morgen zum Frühstück gab? Einen Hir-se-Buch-wei-zen-Brei!«

Max betonte jede Silbe extra. Das hörte sich wirklich eklig an. »Mit Trockenfrüchten und extra Samen.«

Die reinste Folter.

»Und weißt du, was es dazu zu trinken gibt?« Nein, wusste ich nicht. Und wollte es auch gar nicht wissen.

Max sagte es mir trotzdem: »Sojamilch!«

»Du kriegst nicht einmal einen Kaffee?«

»Naa, Kaffee ist ein Säu-re-bild-ner. Sagt Anna. Und weißt du, was noch schlimmer ist? Neulich hat Anna mir erzählt, dass Kaffee mit Zucker getrunken die Fettverbrennung im Kör-per für Stun-den unterbricht. Ich werde nie wieder in meinem Leben unbeschwert eine Tasse Kaffee trinken können.«

Mittlerweile hatte Max sich wieder halbwegs eingekriegt ... »Es ist eines der größten Dramen des Lebens, dass alles, was schmeckt, entweder fett macht oder besoffen.«

Der arme Max. Resigniert sagte er: »Ja mei, wenn i zu Hause nur noch basisch zu essen krieg, dann muss i mich jetzt halt so übersäuern, dass sich des wenigstens lohnt. Des is ja wohl lo-gisch, gell?« Das war es zwar nicht, aber mir war ja schon bei Frau Pschierer aufgefallen, dass Logik in Bayern anders funktio-niert als sonst überall in der Welt. Logik in Bayern war weder vernünftig noch strukturiert, sondern eher eine Metapher. Logik, nicht im realen, sondern eher im übertragenen Sinn. Max hatte die letzte Wurst geschafft. Sein Bier war auch alle.

»Und, geht's besser?«, fragte ich ihn.

Max nickte. »Jetzt hab ich nur ein Problem. Ich habe den Jungs versprochen, Burger und Pommes ins Haus zu schmug-geln. Und ich hab keine Ahnung, wie ich das anstellen soll, ohne dass Anna was bemerkt. Das Zeug stinkt doch meilenweit gegen den Wind. Des bring i nie ins Haus nei.«

»Leg ihnen die Burger doch ins Baumhaus.«

Max strahlte. »So mach mer's! Wieso bin ich da nicht selbst draufgekommen? Ich glaub, dieser Buchweizenbrei hat mir schon des ganze Hirn verklebt.«

Die basische Ernährung der Familie Brunner bescherte mir in der Folge eine sehr intensive Erfahrung mit der bayerischen Küche, die ich nicht so schnell vergessen sollte. Max – im Angesicht seines basischen Abendessens – lief den ganzen Vormittag wie ein Tiger durchs Büro, auf der Suche nach etwas »Gescheitem zu essen«.

Kurz bevor er bereit war, eine unserer Grafikerinnen zu reißen, platzte er bei mir herein und befahl in barschem Ton: »Los, mir gehen zum Mittagessen! Ins Weiße Bräuhaus…«

Ich hob abwehrend die Hände. Doch Max duldete keinen Widerspruch. »A geh, ich weiß doch genau, dass du nichts Dringendes zu tun hast.«

Das Weiße Bräuhaus ist eine Institution in München. Und vielleicht hätte ich mich doch überwinden können, Max abzusagen, wenn ich gewusst hätte, wie viele Innereien dort auf der Karte standen. Nieren, Kalbskron, Milzwurst. Lauter Leckereien, die ich in asiatischen Garküchen zu Hause wähnte. Ich persönlich wähnte mich aus ebendiesem Grund nicht in diesen Küchen zu Hause. Doch Max bestand darauf, dass ich die sogenannte Kronfleischküche unbedingt probieren müsse. »Des gibt's in der Vielfalt sonst nirgendwo in der Stadt.«

Ich wollte Max gerade erklären, dass das Fehlen all dieser Gerichte auf den Karten anderer Lokale sicherlich kein Zufall ist, als er mich bereits mit der nächsten Nachricht schockte:

»Mann, hast du ein Glück. Heut gibt's Euter. Des nehmer.«

Ich glaubte, mich verhört zu sagen. Hatte er wirklich Euter gesagt? Es war laut in dem großen Saal. Er konnte unmöglich Euter gesagt haben. Ganz sicher hatte Max nicht Euter gesagt, sondern… vielleicht… Eitrige. Eitrige sind Würste mit Käse drin. Beim Braten wird der Käse flüssig und eitert quasi aus der Wurst heraus. Daher der Name, der unappetitlicher klingt, als die Wurst in Wirklichkeit ist. Aber was, wenn Max wirklich Euter gesagt hatte? Das durfte ich nicht riskieren.

»Hast du etwa gerade Euter gesagt?«

»Ja, wieso?«

»Du meinst wirklich wir sollen... Euter essen? Das Euter einer... Kuh?«

»Ja, natürlich von einer Kuh. Am Schwein ist ja kein Euter dran. Schmeckt übrigens himmlisch. Du wirst überrascht sein.«

»Wieso ausgerechnet Euter? Kann ich nicht lieber die Bauernseufzer probieren? Was ist das überhaupt, ein Bauernseufzer?« Ich zeigte hektisch auf die Karte.

»Des is a Wruscht.«

»Die wird aber nicht aus Eutern gemacht, oder?«

»Naa.« Na hieß nein, hatte ich gelernt. Was ich noch nicht herausgefunden hatte, war, was der Bayer sagt, wenn er »na« sagen will. So wie in »na ja« oder »na also«.

Als die Bedienung zu uns an den Tisch kam, bestellte Max für uns beide. Zweimal das Euter und dazu zwei Weißbier. Ich wollte gerade noch protestieren, da war die stämmige Frau auch schon wieder entschwunden. Euter also. Und dazu ein Hefeweizenbier. Am Mittag.

»Ich glaub nicht, dass man mittags schon ein Hefeweizen trinken sollte«, sagte ich.

»Wieso, hast a Hopfenunverträglichkeit?«

Nein, natürlich nicht. Ob sich wohl der Hinweis lohnte, dass mich in dem Bier nicht der Hopfen, sondern der Alkohol störte? Max schaute sich jedenfalls gelassen um. Tatsächlich waren wir umzingelt von Menschen, die ganz anders als ich über Weißbier zum Mittagessen dachten. Vielleicht war es besser, sich zu fügen. Ich kannte das aus Zombiefilmen. Wenn man da überleben will, als einziger Normaler unter lauter Zombies, dann darf man den Zombies ja auf keinen Fall zeigen, dass man nicht zu ihnen gehört. Außerdem erklärte mir Max, dass hier im Weißen Bräuhaus die Wiege des Weißbierbrauens stehe und es eine Sünde wäre, etwas anderes zu trinken.

»Und nenn des Weißbier gefälligst nicht Hefeweizen. Des klingt ja wie a Müsli. Davon hatt ich heut schon genug«, mahnte Max.

Nun gut, ich fügte mich. Ich erinnerte mich an den Satz, mit dem Motivationstrainer ihre Jünger gerne heiß machen: »Heute ist der erste Tag vom Rest deines Lebens.« Eigentlich hatte ich mir gestern fest vorgenommen, ein paar Tage mal keinen Alkohol zu trinken und gesünder zu essen. War Kuheuter eigentlich gesund?

Heute ist der erste Tag vom Rest meines Lebens. Na ja, ich konnte solche Motivationsspinner noch nie leiden. Von mir aus konnte der Rest meines Lebens auch erst morgen beginnen. Zum Runterspülen des Eutergeschmacks war ein Bier sicher besser geeignet als ein Glas Wasser.

»Wieso heißen die Bauernseufzer eigentlich Bauernseufzer?«, wollte ich von Max wissen, während wir auf das Essen warteten.

»Des weiß man net genau. Die einen sagen, dass die Bauern immer geseufzt haben, wenn sie von den guten Würschten etwas abgeben mussten. An Gäste oder den Lehnsherrn. Die anderen sagen, dass die Wurscht Bauernseufzer heißt, weil sie genauso lang ist wie die Seufzer, die die Bauern immer machen, wenn sie übers Wetter schimpfen. Und dann gibt es da noch eine dritte Variante. In der Wurscht ist Kümmel drin. Der für Luft im Bauch sorgt, die dann hinten wieder naus muss. Bauernseufzer ist einfach ein schöneres Wort für einen Furz.«

Nun, vielleicht war es doch besser, dass ich die Bauernseufzer nicht genommen hatte. Unser Bier kam. Max und ich stießen an. Ich versuchte mir vorzustellen, wie das Euter wohl aussehen mochte. Hoffentlich lag da nicht eine umgestülpte Brust auf dem Teller. Mit Zitze. Es dauerte nicht lange, da wurden auch die Euter zu uns an den Tisch gebracht. Zu meinem Erstaunen lag da etwas auf dem Teller, das nicht wie Euter, sondern wie ein paniertes Schnitzel aussah. Hatte Max mich etwa hereingelegt? Waren die Euter etwa gar keine Euter? So wie die Ochsenaugen auf der Karte keine Ochsenaugen waren, sondern Spiegeleier? Max beruhigte mich. Also, eigentlich tat er das nicht. Denn die Euter waren echt. Und, wie Max weiter behauptete, sei der feine, leicht milchige Geschmack ja wohl unverkennbar. Das war er in der Tat. Gar nicht mal schlecht. Und wenn da nicht dieses Gedankenbild einer friedlich auf der Weide grasenden Kuh mit einem prallen rosafarbenen Euter gewesen wäre, hätte es vielleicht sogar noch ein wenig besser geschmeckt.

Während des Essens waren mir ein Mann und eine Frau aufgefallen, die wie emotionslose Wachsfiguren aus Madame Tussauds an einem Ecktisch am Fenster saßen. Die beiden redeten kein Wort miteinander. Sie bewegten sich nicht. Sie starrten einfach nur vor sich her. Vor ihm stand ein Bier. Vor ihr stand … nichts. Die beiden mussten so um die siebzig Jahre alt sein. Und sie sahen so aus, als hätten sie die Hälfte ihres Lebens an genau diesem Platz gesessen. So konnte er also auch enden, der bayerische Traum.

»Tja, es dauert nicht mehr lang, dann ist's vorbei mit der Bayern-Herrlichkeit«, bemerkte ich.

Max schaute mich fragend an.

»Ich meine, du wirst daheim basisch ernährt. Und man sieht's ja, die Lifestyle-Jünger übernehmen nach und nach die Stadt. Statt der bayerischen Wirtschaften gibt's dann überall stylische Lounge-Cafés. Und dann wird's vorbei sein mit der Beschaulichkeit.«

»Ja, des mit der Veränderung, des is so a Sach. Des is a Problem«, sagte Max. »Woaßt, was i mit meiner Oma vor fünf Jahren wegen dem Hochhausentscheid gestritten hab. Maximilian, hat sie zu mir gesagt, Maximilian, wenn du für diese Hochhäuser stimmst, dann mach i dir nie wieder oanen Apfelstrudel. Mann, war des schlimm.«

»Ist der Apfelstrudel deiner Oma denn so lecker?«

»Der ist scho guad, aber des war gar net des Schlimme. Woißt, mei Oma hatte noch nie Maximilian zu mir gesagt. Nie. Ich war immer der Maxl.«

Ich erinnerte mich vage an den Hochhausentscheid, der von Berlin aus betrachtet wie eine typische provinzielle bayerische Posse auf mich gewirkt hatte. Es ging wohl darum, ob in München Hochhäuser gebaut werden dürfen, die die Türme der Frauenkirche überragen. Der Entscheid ging knapp zugunsten der Hochhausgegner aus. Gerade einmal 3206 Stimmen hatten den Ausschlag gegeben. Seitdem ist die Frauenkirche das Maß aller Dinge. Höher als hundert Meter geht nichts in München.

»Was ist denn so schlimm an Hochhäusern? Die Welt ändert sich nun mal. Jeden Tag. Sogar in Bayern!«

»Genau des hab i meiner Oma a g'sagt. Und weißt, was sie geantwortet hat?«

Natürlich wusste ich es nicht. Woher denn auch? Erwartungsvoll schaute ich Max an.

»›Maxl‹ hat sie gesagt, ›die Welt, die ändert sich nicht. Die Welt ist immer dieselbe. Wir Menschen sind es, die sich ändern.‹ Tja, da stehst erst mal da. Da fällt dir nix mehr ein. Oder fällt dir da was ein?«

Ich überlegte. Natürlich ändert sich die Welt. Aber wir Menschen, wir ändern uns viel schneller. Da hatte die Oma von Max schon recht. Ich hatte keine Antwort auf seine Frage. »Und?

Wie hast du jetzt abgestimmt, bei dem Entscheid?«, wollte ich stattdessen von Max wissen.

»Natürlich dagegen. Ich weiß noch genau, wie mei Oma mich extra noch einmal angerufen hat, um mir einzuschärfen, dass man bei dem Entscheid mit Ja stimmen muss, um gegen die Hochhäuser zu sein. Das sei ein Trick vom Ude, hat sie gesagt, der ja für die Hochhäuser sei. Damals hab ich gedacht, dass meine Oma halt eine alte Frau ist, die einfach nur alles so behalten will, wie sie's kennt. Und heute bin ich froh über jeden Tag, an dem München nicht so aussieht wie jede andere Metropole.« Max sprach das Wort »Metropole«, als würde er es ausspucken. »In der Kaufingerstraße hast fast eh nur noch dieselben Geschäfte wie überall auf der Welt. Die Straße könntest nehmen und nach Hamburg, Berlin oder sonst wohin verfrachten. Es würd koaner einen Unterschied bemerken. Naa, des mit den Hochhäusern, des war schon a guade Sach. Des koan a Berliner wie du natürlich schwer verstehen.«

»Nein, das stimmt nicht.« Diesmal überraschte ich Max. »Ich find's auch schön, wenn eine Stadt ihr eigenes Gesicht hat. Weißt du, wo ich Berlin am schönsten finde? Auf Bildern von vor dem Krieg.« Irgendwann vor zehn Jahren war es mir das erste Mal so ergangen. Ich hatte in einer Zeitschrift Bilder mit Straßenszenen aus den zwanziger und dreißiger Jahren gesehen. Schon damals schien Berlin Größe und dieses unbestimmte Vibrieren zu haben. Max nickte. Ein leichtes Lächeln umspielte seine Lippen. »Lass mal, uns hat's damals auch ganz schön erwischt. Neunzig Prozent der Altstadt.«

»Komisch, merkt man oft gar nicht.«

»Genau das ist der Trick!«

»Mögn ma noch a Bier?«, fragte die Bedienung, die zu uns an den Tisch gekommen war, unsere leeren Gläser bereits in der Hand. Max schaute mich erwartungsvoll an. Wir mochten.

Das Weißbier zum Essen hatte mich einerseits locker, mir auf der anderen Seite schwere Arme und Beine gemacht. Mit meiner Arbeit kam ich nur mühsam voran. Ein Glück, dass ich einen ausreichenden Puffer hatte, um damit fertig zu werden. Und obwohl ich im Büro kaum was geschafft hatte, kam ich müder als sonst zu Hause an. So konnte es nicht weitergehen, wenn ich in den Bergen nicht schon auf dem Parkplatz schlappmachen wollte. Francesca bemerkte sofort, dass etwas mit mir nicht stimmte.

»Ich habe heute Mittag das Euter einer Kuh gegessen!«, beichtete ich ihr. Francesca schaute mich erschrocken an: »Aber warum denn, wir haben doch genügend Milch im Kühlschrank.«

16. Kapitel: In welchem eine Frau ein Geheimnis zu ergründen sucht und dabei eine merkwürdige Verwandlung durchlebt

In den nächsten Tagen zog ich mein ambitioniertes Sportprogramm endlich weiter durch. Als ich eines Abends gegen zwanzig Uhr vom Joggen wiederkam, wurde ich bereits von einer unruhigen Francesca empfangen. Ein schneller Kuss, schon huschte sie an mir vorbei in den Hausflur.

»In spätestens zwei Stunden bin ich wieder da. Ich muss zu Frau Pschierer.«

»Um was zu machen?«

»Ihr das Rezept für den Kaiserschmarrn entlocken.« Francesca sagte diesen Satz in einem Ton, der mich kurz überlegen ließ, ob ich sie nach Waffen durchsuchen sollte. Dabei hätte ich es wissen müssen. Wenn Francesca etwas wirklich wollte, dann bekam sie das auch. Ein Nein bedeutet für einen Italiener nicht etwa Nein, sondern nur, dass er sich einen anderen Weg einfallen lassen muss, um an sein Ziel zu gelangen. Ich hatte es ja selbst oft genug erlebt. Die arme Frau Pschierer.

»Buona fortuna – Viel Glück«, wünschte ich artig und ging duschen.

Als Francesca nach zwei Stunden noch immer nicht zurück war, dachte ich mir nichts dabei. Nach drei Stunden überlegte ich, ob ich nicht besser ein Stockwerk tiefer klingeln sollte. Ich horchte in den Hausflur. Von unten hörte man Musik. Jim Morrison verkündete gerade »This Is The End«. War es aber ganz offensichtlich nicht, denn danach ging es gleich mit »Riders On The Storm« weiter. Frau Pschierer gab offensichtlich ihre Lieblingsklassiker zum Besten. Vier Stunden später lag ich auf dem Sofa und war über Hape Kerkelings »Ich bin dann mal weg« eingeschlafen. Francesca hatte mir das Buch geschenkt, damit ich mich auch mental auf die Wanderung mit Max vorbereiten konnte. Doch die geistige Erbauung wollte sich nicht so recht einstellen. Genauso gut hätte ich das Buch eines Elefanten über Nähtechniken lesen können, um endlich zu erfahren, wie man Knöpfe an Jacken annäht, sodass diese nicht zwei Wochen später bereits wieder abfallen. Egal, wenigstens war das Buch immer mal wieder lustig.

Das Kratzen des Schlüssels im Schloss weckte mich. Francesca war von ihrer Mission zurückgekehrt. Endlich. Aber war das überhaupt Francesca? Mich hatte eine tatendurstige lebensfrohe Italienerin verlassen. Doch die Frau, die da plötzlich in der Wohnzimmertür stand, kam wie in Trance auf mich zu, ein seltsames Lied auf den Lippen. Ohne ein Wort zu sagen, setzte sie sich zu mir aufs Sofa, schmiegte sich an mich und begann an meinen Ohrläppchen zu knabbern.

»Ciao, amore!«, begrüßte ich sie.

Francesca kicherte. Mittlerweile war sie mit ihrer Zunge vom Ohr zum Hals runter gewandert. Ihr haftete ein eigenartiger Geruch an.

»Sag mal, hast du geraucht?«

Francesca gab ein gurrendes Geräusch von sich, das alles hätte bedeuten können. Ich schob den liebestollen Vamp von mir weg und machte mich auf die Suche nach Francesca. Ihren langsamen und schwerfälligen Bewegungen nach hatte Francesca nicht nur geraucht, sondern auch ordentlich was getrunken. Ich setzte mich auf und schaute ihr in die Augen. Glasig, rot und mit riesigen Pupillen.

»Hast du nun geraucht? Oder kommt das von diesen Räucherstäbchen?«, wollte ich von ihr wissen.

»Was für Räucherstäbchen?«

»Na die, nach denen es immer bei Frau Pschierer riecht.« Francesca lachte wieder.

»Das sind keine Räucherstäbchen. Das ist Gras!«

»Wie bitte?«

»Marihuana!« Tja, das hat man also davon, wenn man eine drogenfreie Jugend im Osten verbracht hatte. Man kann Räucherstäbchen nicht von Cannabis unterscheiden. Ich war entsetzt.

»Frau Pschierer kifft!?«

»Psst«, Francesca legte einen Finger auf ihre Lippen. »Sei still«, befahl sie und fingerte an meinem Gürtel. Es gibt Momente im Leben, in denen sollte ein Mann auf das hören, was seine Frau ihm sagt. Dieser war ganz bestimmt einer von ihnen.

»Was ist eigentlich mit dem Rezept?«, fragte ich Francesca, nachdem wir ins Bett gegangen waren. »Hattest du Erfolg?«

»Welches Rezept?«, murmelte Francesca und schlief ein.

Mannomann. Francesca schien vollkommen vergessen zu haben, warum sie überhaupt zu Frau Pschierer gegangen war. Die war ja eine harte Nuss. Sie hatte es tatsächlich geschafft, einen Angriff von Francesca abzuwehren. Zwar unter Zuhilfenahme illegaler Betäubungsmittel, aber gewonnen ist gewonnen. Von der Frau konnte ich noch eine Menge lernen. Ich erinnerte mich daran, wie ich Oskar vor unserem Umzug merkwürdige Menschen versprochen hatte, die merkwürdige Dinge tun. An eine kiffende Hippie-Oma hatte ich dabei nicht gedacht.

17. Kapitel: In welchem es endlich auf den Berg geht, Erschöpfung mit Weissbierspülungen geheilt werden und ein Berliner das erste Mal im Leben dem Chor der Schnarcher lauschen darf

Max hatte aus der Watzmannbesteigung eine kleine Rundtour werden lassen. Widerstand war zwecklos. Das Mehr an Schinderei erklärte er kurzerhand zum Segen: »Wenn du schon mal oben bist, wär's ja schad, gleich wieder runterzulaufen.« Vier Tage würden wir unterwegs sein. An einem Mittwoch sollte es losgehen. Francesca war voller Vorfreude. Kein Wunder, schließlich würde sie in diesen Tagen nicht vollkommen verschwitzt in den Bergen herumhecheln müssen, sondern ich.

»Ich freu mich, dass ihr die Tour macht«, sagte sie mir immer wieder.

»So wertvoll ist meine Lebensversicherung nun auch wieder nicht«, knurrte ich zurück, als es mir zu viel wurde. Den bösen Blick, den Francesca mir zuwarf, hatte ich mir verdient. Vielleicht hätte ich mich ja auch mehr freuen können, wenn nicht diese Heidenangst gewesen wäre. Die Sache mit der Wanderung hatte sich sogar schon im Verlag herumgesprochen. Einige Kollegen wünschten mir viel Glück und Erfolg. Andere betrachteten mich, als wäre ich bereits Geschichte, ein Reisender zwischen den Welten. Max hatte mir eine komplette Wanderausrüstung zusammengestellt: Jacke, Hosen, Pullover und ein paar Funktionsshirts. Nur die Wanderschuhe musste ich mir selber kaufen und einlaufen. Es war nicht leicht, die spöttisch-verwunderten Blicke zu ertragen, wenn ich mit Francesca, Oskar und den etwas klobigen Wanderschuhen an den Füßen am frühen Abend die Isar entlangspazierte. In drei Wochen wollten wir starten.

Es hatte nur eine Stunde gedauert, und ich hasste die ganze Welt. Ich hasste meinen Rucksack, weil er so schwer war und an meinem Rücken scheuerte. Ich hasste den Weg, weil er ständig nach oben ging. Ich hasste meine Haare, weil sie mir ständig in die Stirn und über die Augen fielen und mich das immer wieder aus dem Tritt brachte. Ich hasste meine Arme, weil ich nicht wusste, wohin damit. Ich hasste den Schweiß, den ich mir immer wieder von der Stirn wischen musste, weil er mir sonst in die Augen lief. Ich hasste die Zeit, die nicht vergehen wollte, zehn Minuten fühlten sich an wie eine Stunde. Ich hasste Max, weil er mir diese Wanderung vorgeschlagen hatte. Ich hasste mich selbst, weil ich mich darauf eingelassen hatte und weil ich mich so schlapp fühlte und es wahrscheinlich auch war. Hieß es nicht immer, der Weg sei das Ziel? Dann waren wir doch bereits angekommen. Und konnten umkehren. Und was nutzte mir die wundervolle Aussicht, wenn ich sie nicht sehen konnte? Weil ich ja Schweiß und Haare in meinen Augen hatte und ich sowieso lieber nur auf meine Füße schaute, damit ich sie ja an die richtige Stelle setzte! Wenigstens rann bei Max der Schweiß genauso wie bei mir.

Nach zwei Stunden hatte ich aufgehört zu denken. Ich hatte auch aufgehört zu hassen. Gerne hätte ich ganz aufgehört, irgendetwas zu fühlen. Vor allem die Schmerzen an meiner Schulter und dem Rücken. Mein Gehirn war nur noch imstande, meine Schritte zu begleiten. Linker Fuß, rechter Fuß, linker Fuß, rechter Fuß. Durchschnaufen. Linker Fuß, rechter Fuß. Linker Fuß, rechter Fuß. Durchschnaufen. Es fühlte sich ein bisschen an, wie zu meditieren. Allerdings hätte ich es lieber auf die herkömmliche Art getan: irgendwo sitzen, tief ein- und ausatmen und die Welt um einen herum vollkommen vergessen.

Wenigstens wusste ich jetzt, was Max damit gemeint hatte, dass der Anstieg die ersten vier Stunden »knackig« sei. Knackig bedeutete nichts anderes, als dass es permanent bergauf ging. Und das nicht etwa in angenehmen ausladenden Serpentinen, nein, immer nur schön steil. Bis wir am Watzmannhaus endlich eine längere Pause machten.

Obwohl uns der Weg zum Hocheck, dem ersten der drei Watzmanngipfel, noch einmal drei Stunden Kletterei beschert hatte, waren mir Auf- und Abstieg ohne den Rucksack sehr viel leichter gefallen. Hatte ich mir neben dem Gold-Jesus, dem Gipfelkreuz oben am Hocheck, noch schreckliche Gedanken übers Runterkommen gemacht, bewegten sich meine Füße die letzte Stunde beinahe wie von selbst. Siebeneinhalb Stunden waren wir gelaufen, mit den zwei Stunden Pause, die wir insgesamt auf dem Weg gemacht hatten, waren wir gut neun Stunden unterwegs gewesen. Max war sehr zufrieden, geradezu euphorisch. Da wir wie geplant um sieben im Tal losgegangen waren, war es gerade einmal sechzehn Uhr. Normalerweise saßen wir um diese Zeit noch im Büro.

»Super san mir gelaufen! Tolles Tempo. Des hätt ich dir vorher gar net zugetraut. Und? S'war doch gar net so schlimmm, gell?«

Wenn Max auf dem Weg hier hoch in der Lage gewesen wäre, meine Gedanken zu lesen und somit erfahren hätte, dass ich ihm, und – wofür ich mich jetzt besonders schämte – auch seiner Familie, wirklich schlimme Dinge gewünscht hatte, wäre er mir gegenüber sicherlich nicht so euphorisch aufgetreten. Ich behielt das besser für mich. Ich hatte die Rentner-Combo, die uns so locker überholt hatte, wiederentdeckt. Die waren ein super Tempo gelaufen. Die alten Herren brachten sich bereits mit Weißbierspülungen wieder in Form und sonnten sich wohl schon seit geraumer Zeit vor der Hütte. Ihre runzligen bleichen Körper erinnerten mich an jungen Pecorino-Käse. Nur, dass man bei ihnen lieber nicht zubeißen wollte. Ein wenig Bräune würde den Männern und den Augen anderer Wanderer guttun.

Ich verkniff mir daher eine Antwort und lachte Max bloß an. Ich brachte ohnehin kein vernünftiges Wort mehr raus und wollte nur meine Ruhe. Ich war erschöpft. Aber die Erschöpfung fühlte sich nicht unangenehm an. Wahrscheinlich weil sich zu ihr die Erleichterung gesellt hatte, dass die Tour, nein besser Tortur, für heute vorüber war. Und hatte Max am Morgen im Auto nicht behauptet, dass der erste Tag der schlimmste sei und alles, was danach komme, nur noch Spaß mache?

An der Hütte herrschte Hochbetrieb, von Bergeinsamkeit keine Spur. Ich war überrascht über die unterschiedlichen Altersgruppen. Männer und Frauen von zwanzig bis sechzig, sie alle waren dabei. Ich fühlte mich mit jedem von ihnen verbunden, schließlich hatten wir alle das Gleiche durchgemacht. Und mit einigen von ihnen würden Max und ich ja auch die Nacht verbringen, im Matratzenlager. Zwar gab es im Watzmannhaus auch Zwei-Bett-Zimmer, doch Max hatte gemeint, die Übernachtung im Matratzenlager sei ein absolutes Muss auf der Hütte.

Nachdem ich eine Stunde in der Sonne gedöst hatte, rief ich Francesca an, in der Hoffnung, ein bisschen von ihr bemitleidet zu werden.

»Es war schrecklich!«

»Aber warum denn?«

»Es ging die ganze Zeit nur hoch!«

»Amore, das sind Berge. Da muss das so sein. Di mi – Sag mal, ist es schön da oben?«

»Mmmmmh, da kann man nich meckern!«

»Ich wäre jetzt auch gerne oben in einer Hütte in den Bergen.« Komisch, bei Francesca hörte sich alles immer so romantisch an. Eigentlich war es das ja auch. Durchaus. Ein bisschen. Aber man konnte doch nicht die Quälerei vergessen, die ich hinter mir hatte. »Freust du dich nicht?« fragte Francesca.

»Ich bin viel zu geschafft, um mich zu freuen.«

»Ma dai – komm schon, stell dich mal nicht so an.«

»Ich will bemitleidet werden! Mir tut alles weh. Ich habe furchtbaren Hunger.«

»Was willst du, du bist ein Deutscher. Achtzehn Uhr ist doch bei euch Abendbrotzeit«, bemerkte Francesca schnippisch. Keine Ahnung, warum, aber Francesca hielt Menschen, die vor zwanzig Uhr zu Abend aßen, für krank. Wir hatten sehr oft darüber diskutiert, dass man das Niveau einer Esskultur doch nicht an der Uhrzeit, zu der gegessen wird, festmachen könne. Doch Francesca tat genau das. Es war zwecklos, mit ihr darüber zu streiten. Ich unternahm einen letzten Versuch, ihr wenigstens ein paar Worte des Bedauerns zu entlocken.

»Und außerdem muss ich nachher mit wildfremden Kerlen in einem Zimmer schlafen.«

Francesca lachte mich aus. »Hahaha, das wird bestimmt ein lustiger Männerabend bei euch! … Und wehe dir, du rufst morgen Abend nicht wieder an. Gleich wenn ihr angekommen seid, ja!?« Wenigstens ein bisschen Anteilnahme.

»Ja, mach ich.«

Der schlichte, aber gemütliche Gastraum war fast bis auf den letzten Platz gefüllt. Nur ein paar Leute hatten sich bereits kurz nach dem Abendessen ins Bett verzogen, obwohl es gerade mal kurz nach zwanzig Uhr gewesen war. Die fröhlich zechenden Wanderrunden, die den Großteil des Raumes in Beschlag nahmen, machten dagegen den Eindruck, als wollten sie die ganze Nacht durchhalten. Zwei Männer spielten Schach. Hier und da lasen ein paar Einzelgänger Bücher oder dösten bei Wein, Bier oder Tee vor sich hin. Andere waren wiederum über Karten gebeugt und studierten aufmerksam die nächste Wegstrecke. Seit dem Abendessen fühlte ich mich pudelwohl. Was vor allem an dem Viertel Roten gelegen hatte, den Max mir empfohlen hatte. Wegen der Bettschwere. Ich war zwar sicher, dass ich auch so gut genug schlafen würde, aber Max meinte nur, dass man ein Matratzenlager auf einer Berghütte keinesfalls mit dem Waldorf-Astoria vergleichen durfte. Man müsste auf alles vorbereitet sein, was den seligen Schlummer stören könnte: Übel riechende Füße. Schnarcher. Oder die notorischen Frühstarter, die immer schon um fünf Uhr morgens im Lager ihre Sachen zusammenpacken, um ja die Ersten auf dem Weg zu sein.

»Fünf Uhr?«

»Oder früher!«

»Aber wieso denn?«

»Da gibt's viele Gründe. Entweder, um den Sonnenaufgang oben aufm Gipfel zu genießen. Um aufm Weg genügend Zeit zu haben, für Pausen. Oder um nicht im Stau zu stehen. Morgen kann's a bisserl eng werden. Da kannst schwer überholen. Und wenn du dann die ganze Zeit hinter einem herschleichen musst, kostet des nicht nur Kraft, sondern auch Nerven.«

»Was heißt denn ›ein bisserl eng werden‹?«, wollte ich wissen. Nachdem Max den Weg heute mit dem Begriff »knackig« meiner Meinung nach vollkommen unzureichend beschrieben hatte, wollte ich lieber auf Nummer sicher gehen.

»Morgen geht's über den Grat. Des wird dein Meisterstück. An manchen Stellen geht's links und rechts steil runter. Aber wenn du schwindelfrei bist und dich immer schön an den Seilen und Sicherungen festhältst, is des koa Problem.«

Kein Problem? Das sah ich ein bisschen anders. Die Bilder,

die sich in meinem Kopf aus den Worten »links«, »rechts«, »steil runter«, »Seile« und »Sicherungen« formten, waren nicht schön. Alles andere als kein Problem. Am Nebentisch fegte ein Mann mit einer ungeschickten Handbewegung sein Buch vom Tisch, das mir genau vor die Füße fiel. Ich bückte mich, um es aufzuheben. Der Titel lautete »Sturz ins Leere«. Geschrieben von einem gewissen Joe Simpson. Wenn das mal kein böses Omen war!

»Ich glaub, ich nehm lieber noch ein Viertel Roten!«, sagte ich zu Max, der sich auch gleich einen mitbestellte.

»Sag mal, wieso tut man sich das hier eigentlich freiwillig an? Das mit dem Wandern in den Bergen. Du kannst doch nicht ehrlich behaupten, dass dir die Schinderei beim Bergsteigen Spaß macht!«

»Ja mei, a Menge Leit ham übers Wandern gscheid geschrieben. Dass sie sich dabei selbst finden, dass die Grenz- oder Todeserfahrungen ihre Persönlichkeit gestärkt hätten. Mei, i glaub, dass da scho immer auch ein paar Masochisten in den Bergen unterwegs sind, denen die Plackerei Spaß macht, die des brauchen. Als i als Teenager mit meinen Eltern gewandert bin, hab i a immer gflucht. Ich wollt viel lieber mit meinen Freunden an oanen See fahren. Oder an der Isar zelten. Mei, und heute weiß ich, dass es bergauf a bisserl anstrengend ist, des gehört halt zum Wandern dazu, woaßt? Und des wird sich auch nie ändern. Das Einzige, was sich geändert hat, is mei Einstellung dazu. Woaßt, was i in den Bergen gelernt hab? Weiterzumachen, obwohl's anstrengend ist. Anstatt seine Zeit damit zu verplempern, herumzuweinen … aber bei dir ist des natürlich was anderes … als Jammerossi hast des im Blut.«

»Das muss ich mir von einem Grantler nicht sagen lassen.«

»Ha, des Granteln is doch ganz woas andres. Des is doch koa Jammern.«

»Wieso denn nicht?«

»Der Bruno Jonas hat einmal den schönen Satz geschrieben: ›Der Grant ist eine Prise Ärger, die in kleinen Dosen zu sich genommen belebt und erfrischt.‹ Nur wenn man eine Überdosis erwischt, dann wird's gefährlich. Des kann man mit deinem Herumjammern nicht vergleichen. Ein Grantler bedauert ja auch nicht in erster Linie sich selbst, der ist vor allem unzufrieden mit der Gesamtsituation.« Mir schwirrte der Kopf. Ich war längst nicht mehr in der Lage, Max zu folgen.

»Ich glaub, es wird langsam Zeit, ins Bett zu gehen. Ich könnte nämlich ganz gut eine Überdosis Schlaf gebrauchen.«

Wir teilten unser Lager mit mehr als einem Dutzend anderer Wanderer. Der Raum war vollgestellt mit Doppelstockbetten. Im Grunde genommen ist so ein Matratzenlager wie ein Schlafraum einer Jugendherberge. Nur ohne Teenager und laute Musik aus einem CD-Player. Gott sei Dank hatten wir Betten oben erwischt. Max und ich verkrochen uns in unseren Schlafsäcken. Nach einer halben Stunde trudelten auch die anderen ein. Ich war beinahe schon eingeschlafen. Doch durch das Klackern beim ständigen Auf- und Zumachen der Rucksäcke und die surrenden Geräusche der Reißverschlüsse war an Schlaf nicht mehr zu denken. Jemand stieß in der Dunkelheit seine Wasserflasche um. Das Metall scheppterte auf dem Boden. Nach einer Viertelstunde hatten alle endlich fertig geräumt und sich hingelegt. Es herrschte Ruhe. Für fünf Minuten. Dann begann das große Schnarchen.

»Ich hab's dir ja gesagt«, murmelte Max. »Oaner schnarcht immer.«

Leider waren es drei Schnarcher. Einer von ihnen direkt unter uns. Mit seinem leichten Rasseln war er der harmloseste. Aus dem Eck rechts von mir war ein tiefes, gleichmäßiges Grunzen mehr als deutlich zu vernehmen. Der dritte hatte ganz offensichtlich den Salsa im Blut. Sein Schnarchen war geprägt von ständigen Rhythmuswechseln. Zusammen ergab das eine kleine Sinfonie des Grauens, die nur gestört wurde, wenn einer der Schnarcher von seinem Nebenmann geknufft wurde.

»Wieso werden die nicht alle zusammen in ein Zimmer gesperrt? Das wäre doch besser für alle«, flüsterte ich zu Max. Doch der war wohl gerade eingeschlafen, und zum kleinen Schnarchorchester gesellte sich eine wohltemperierte vierte Stimme. Wahre Hüttenromantik.

18. Kapitel: In welchem ein Blick hinter Kulissen der Idylle offenbart, dass selbst die bayerische Welt nicht immer so heil ist, wie sie ausschaut

Max hatte nicht zu viel versprochen. Um 4.30 Uhr wurde ich von den Frühaufstehern geweckt. Irgendjemand von ihnen schien jedes Kleidungsstück und Ausrüstungsteil in einem eigenen Plastiksack aufzubewahren. Das ständige Rascheln der Tüten trieb mich fast in den Wahnsinn. Nach einer Viertelstunde war der Spuk vorbei. Doch ich döste die Zeit bis zum Aufstehen mehr, als dass ich schlafen konnte. Meine Beine und mein Rücken fühlten sich nach der Anstrengung von gestern steif an. Max, der sonst immer einem Perpetuum mobile glich, sah auch schon mal frischer aus. Beim Frühstück redeten wir kaum miteinander.

Den Weg zum Hocheck, dem ersten der drei Watzmann-gipfel, waren wir bereits gestern gelaufen. Nach dem Hocheck würde das Stück über den Grat folgen. Ich hatte mir fest vorgenommen, die Sache heute anders anzugehen. Geduldiger und ohne mich selbst fertigzumachen. Nach einer halben Stunde merkte ich, wie meine Muskeln wieder warm geworden waren und meine Schritte flüssiger wurden. Aufkommenden Hass bekämpfte ich, indem ich kurz Pause machte und ein paarmal tief Luft holte. Im Gegensatz zu gestern fiel es mir so leichter, einen gleichmäßigen Rhythmus zu finden, der mich nicht gleich an den Rand der totalen Erschöpfung brachte. Die meisten Wanderer hatten sich vor uns auf den Weg gemacht. Dort, wo sie in Gruppen liefen, sah es aus, als würde eine bunte Schlange den Berg emporkriechen. Gut zwei Stunden später standen wir wieder auf dem Hocheck. Der Jesus am

Kreuz hatte sich im Gegensatz zu mir in der Nacht kein biss-chen erholt und schaute noch genauso leidend drein wie ges-tern. Max hatte für uns beide Klettersteiggeschirre mitgebracht, mit denen wir uns an den Sicherungen auf dem Weg einhaken konnten. Mit Hilfe von Max stieg ich in das Geschirr und zurrte es fest. Es fühlte sich im ersten Moment an wie eine Windel aus Seilen.

»Die meiste Zeit werden wir es nicht brauchen. Nur in den ganz schwierigen Passagen ist es besser, sich einzuhän-gen«, meinte Max. »Denk dran. Keine hektischen Bewegun-gen. Immer schön langsam. Das Wichtigste ist ein sicherer Stand. Immer auf den Körperschwerpunkt achten. Am bes-ten beugst dich beim Laufen ein bisserl nach vorn, dass er talabwärts ist.«

Ein wirklicher Weg war hier oben nicht mehr zu erkennen. Doch die typisch rot-weißen Markierungen, die man in den Bergen entlang der Wanderwege findet, leiteten uns auch über den schmalen Felsgrat, der sich vor uns aufbaute. Ich hatte ein mulmiges Gefühl und konzentrierte mich auf jeden Schritt. Wo immer es ging, suchte ich Halt mit meinen Händen. Entweder am Fels oder den Stahlseilen, die Teile des Weges sicherten. An hektische Bewegungen, vor denen mich Max gewarnt hatte, war ohnehin nicht zu denken. Wir hatten zu einer Gruppe aufge-schlossen, die es sehr langsam angehen ließ. Immer wieder war-teten Max und ich, dass wir ein paar Meter weitergehen konn-ten. Die Pausen taten mir gut. Zumal es Stellen gab, an denen man auf allen vieren klettern musste.

»Komm, lass uns mal ein paar gefährliche Fotos machen. Da können wir zu Hause bei unseren Frauen angeben«, riss Max mich aus meinen Gedanken. Viel musste man dafür nicht tun. Sah der Weg vom Hocheck aus betrachtet noch aus, als müsste man die ganze Zeit über auf einem schmalen Grat über Steilwänden balancieren, gab es in Wirklichkeit genügend natürliche Treppen im Fels, die breit genug waren, um sicher darauf zu gehen. Sofern man schwindelfrei war. Die wenigen ausgesetzten Passagen waren mit Klammern oder Stahlseilen gesichert, sodass wir uns mit den Karabinern des Klettersteigsets zusätzlich absichern konnten. Wählte man mit dem Fotoapparat die richtige Perspektive, sah es so aus, als würde man irgendwo im blanken Fels stecken, glatte Wände hinauf oder Felsspalten durchklettern müssen. Das also war das Geheimnis der meisten dieser spektakulären Bilder gewesen, das verzerrte Größenverhältnis zwischen Mensch und Berg.

»Weißt du eigentlich, dass du mir vor zwei Monaten mit den Bildern bei dir im Keller einen Heidenschrecken eingejagt hast?!«, stellte ich Max zur Rede.

»Freilich! I wollt halt wissen, ob du a gestandnes Mannsbild bist. Oder ob du dich im letztn Moment davonschleichen tust.«

Wir machten noch einige Bilder und gingen weiter. Bis ich nicht mehr weiterkonnte. Wir waren doch noch an eine Stelle angelangt, an der ich keinen Schritt mehr gehen wollte und an der mir die Erkenntnis über die Bildperspektiven kein Trost mehr war. Der Weg zur Mittelspitze des Watzmanns führte an dieser Stelle über eine vielleicht vierzig Grad steile, glatt geschürfte Felsplatte. Die Platte war etwa fünfzehn Meter breit. Links und rechts begann der Abgrund. Ich wusste nicht, warum, aber ich hatte Angst, auszurutschen. Obwohl es keinen objektiven Grund dafür gab, konnte ich nicht weiter. Ich blieb stehen und spürte zum ersten Mal an diesem Tag meinen Herzschlag. Vor lauter Konzentration auf den nächsten Schritt hatte ich das permanente Tuckern bis dahin gar nicht so richtig wahrgenommen. Doch damit war es vorbei. Die Beklemmung schnürte mir die Brust zu. Max stand dicht hinter mir. Wahrscheinlich dachte er, dass ich nur kurz durchschnaufen wolle. Nach einer

Weile drehte ich mich zu ihm und zeigte auf die Felsplatte. Ich sagte: »Ich kann nicht weiter.« Meine Augen sagten: »Ich habe Angst.«

Ich erwartete irgendeinen blöden Spruch. Oder Spott. Aber Max nickte: »Mach ma a Pause. I kenn des.« Er erzählte mir, wie er einmal mit Anna gewandert war, die beim Abstieg mit einem Mal Panik bekommen hatte. Eigentlich waren sie einen einfachen Weg gelaufen. Nur an einer Stelle wurden die beiden überrascht. Um weiterzugelangen, musste man sich an einem Stahlseil festhalten, die Füße gegen die Felswand drücken und anderthalb Meter weit hangeln. Ein Klettersteigset hatten sie nicht dabei. Es war nicht schwer, diese Passage ohne die Sicherung zu gehen. Man hatte, während man für fünf Sekunden an dem Seil hing, nur ziemlich viel Luft unterm Hinterm. Max war zum Beweis, wie einfach es war, schon ein Dutzend Mal hin- und hergehangelt. Aber Anna konnte nicht. Erst nach über einer Stunde wagte sie sich an das Seil. Max hatte ihr aus seinem Gürtel einen provisorischen Karabiner gebaut und sie damit ans Seil gehängt.

»Und was machen wir jetzt?«, fragte ich Max. »Ich kann mich hier nirgendwo einhängen.«

Max stand auf und streckte mir seine Hand entgegen: »Komm, pack mer's. Halt dich fest.« Ich holte tief Luft, griff die Hand und versuchte alles um mich herum zu vergessen und nur auf meine Füße zu gucken. Ganz langsam machten Max und ich uns Hand in Hand auf den Weg, wie ein verliebtes Pärchen.

Nachdem ich den ganzen Tag nur Steine gesehen hatte, kam mir der Abstieg zur Wimbachgrieshütte vor wie der Weg ins Paradies. Endlich wieder Grün. Waren es am Anfang nur einzelne Grasflecken, kamen schon bald Zwergsträucher und Latschenbüsche hinzu. Den Weg von der Mittel- zur Südspitze des Watzmanns hatte Max als »noch einmal amtlich« bezeichnet, was nichts anderes bedeutete, als dass es die schwierigste Stelle des ganzen Weges gewesen war. Der Abstieg, hatte er gesagt, sei dagegen nur noch »Formsache«. Genau das war es dann auch. Wie auf dem Amt. Eine quälend lange Angelegenheit, von der man sich fragt, was genau eigentlich so lange dauert. In diesem Fall drückte die Formsache auch noch mächtig auf die Knie. Komisch, ich hatte immer gedacht, dass rauf anstrengender sei als runter. Doch als wir nach gut acht Stunden endlich ankamen und bereits die ersten Wanderer in der Sonne beim Weißbier sitzen sahen, wusste ich, dass alles gut werden würde.

»Na, hast des Jammern heut ganz vergessen?«, lachte Max, nachdem wir uns gewaschen und rausgesetzt hatten, um die letzten Strahlen der Sonne zu genießen. Unsere Weißbiere funkelten im Licht wie der Pokal für den Fußballweltmeister. Diese Auszeichnung hatten wir uns verdient.

»Hatte leider keine Zeit. Ich war viel zu sehr damit beschäftigt, mich gut festzuhalten und nicht abzustürzen.« Es stimmte, die Tatsache, dass ich wirklich ständig darauf geachtet hatte, wo ich meine Füße am besten hinsetze, hatte mich die Welt um mich herum ganz vergessen lassen. Den ganzen Gedankenmüll, den ich sonst mit mir herumschleppte, hatte ich wohl irgendwo dort oben entsorgt.

»Ja da schau her, aus dir wird noch an richtiger Bergfex. Des heute war eine der schönsten und anspruchsvollsten Touren, die man ohne Kletterausbildung laufen kann. Morgen im Steinernen Meer, des wird ganz wos andres.«

»Wie viel Höhenmeter müssen wir denn morgen machen?« Ich hatte auf dem Watzmannhaus mitbekommen, dass die Diskussion um die bereits zurückgelegten und noch zu laufenden Höhenmeter für einige ein kleiner Fetisch war. Akribisch wurde analysiert, wie viele Meter es im Anstieg und wie viele es im Abstieg waren. Je mehr, desto besser, desto größer wurde das Leuchten in den Augen der Leistungswanderer.

»Ja mei, des san so neunhundert im Anstieg«, schätzte Max.

»Und?… Ist das viel?«, fragte ich vorsichtig nach.

»Heut waren's ungefähr tausend im Anstieg, das meiste davon bis zum Hocheck und dann noch die Passagen zwischen den beiden Spitzen, die's hochging. Und dann ging's zweitausend Höhenmeter steil bergab. Macht…?«

»Dreitausend Höhenmeter«, stellte ich erstaunt fest. »… Dann sollte das ja morgen ein Spaziergang werden.«

»Perfekt, um sich den Muskelkater aus den Beinen zu laufen«, fügte Max hinzu und hob sein Glas, um anzustoßen. In diesem Moment hörten wir ein lautes Fluchen: »Herrgottsakra, nie wieda! Des mach i nie wieda! So an Schoaß, dreckata!« Ein erschöpfter Wanderer, vollkommen verschwitzt, hatte die Hütte erreicht. Um seinen Kopf hatte er ein Tuch gebunden, wie ein Pirat. Verächtlich warf er seinen Rucksack auf den Boden und sich selbst in Gras. Die Leute auf den Bierbänken, die dem Schauspiel beiwohnten, schmunzelten. Ein heiteres Murmeln setzte ein. Nachdem der Mann auf der Wiese ein paarmal kräftig durchgeschnauft hatte, stand er wieder auf. Jetzt lachte auch er. Packte den Rucksack und verschwand mit einem zünftigen »Griaß eich!« in der Hütte. Nie wieder? Im Leben nicht. In einer Viertelstunde würde der Pirat wieder beieinander und bereit für die nächste Herausforderung sein. Was hatte Max doch über den Grant gesagt? In kleinen Prisen genossen wirkt er erfrischend und belebend. Ich war glücklich.

Eingepackt in dicke Fleecepullover, saßen wir beide nach dem Abendessen wieder draußen vor der Hütte und genossen die abendliche Stille. Es war bei Weitem nicht so kalt wie gestern, oben am Berg. Aus der Stube hörte man Lachen, das Klirren von Gläsern, die Kommentare der Kartenspieler beim Schafkopfen. Ich dachte, so hört sich Frieden an.

»Ich kann mir gar nicht vorstellen, dass wir in zwei Tagen wieder in München sind«, meinte ich. Das hier draußen war eine ganz andere Welt.

»Ja, is schon schee herdroben. Ich bin trotzdem froh, in der Stadt zu leben. Zu viel heile Welt ist nicht gesund.«

Ich war überrascht. »Wie meinst du das denn?«

»Ich erzähl dir jetzt mal eine Geschichte. Die Geschichte von Maria. Maria war meine erste große Liebe.« Jetzt war ich nicht nur überrascht, sondern erschrocken. »Ich glaub, ich war da nicht allein bei uns im Dorf. Die Maria war einfach ein besonderes Mädchen. Schwer zu sagen, warum, aber wahrscheinlich, weil sie immer zu lächeln schien. Wenn sie durchs Dorf ging, dann war's, als wär die Sonne noch mal aufgegangen. Jeder der jungen Burschen hat damals versucht, mit ihr anzubandeln. Obwohl alle Angst vor ihrem Vater hatten. Der alte Wenzl war ein Tier. Der hat jedem, der die Maria auch nur zu lang angeschaut hat, mit Schlägen gedroht. Die Maria und er lebten allein. Die Mutter war bei der Geburt gestorben. Aber die Maria hätte sich auch ohne ihren Vater mit keinem eingelassen. Ich weiß von zweien, die sich getraut hatten, ihr zu sagen, dass sie sie lieben täten. Aber nix war's. Dennoch hat's die Maria geschafft, keinen vor den Kopf zu stoßen. Niemand war ihr bös.«

»Und was war mit dir?«

»Mei, ich war halt zwei Jahre jünger als sie. Da konnte ich außer anschmachten nix erwarten.«

»Und was ist dann passiert?«

»Dann, mit siebzehn, war Maria eines Tages verschwunden. Einfach so. Von einem Tag auf den anderen weg. Keiner wusste, warum. Ihr Vater betrank sich nach ihrem Verschwinden jeden Tag. So lange, bis wahrscheinlich auch er nicht mehr wusste, warum seine Tochter das Dorf verlassen hatte. Dabei war er der Einzige, der es uns hätte erzählen können. Das Schwein. Die Maria ist nie wieder zurückgekehrt.« Max sprach ohne Wut. In seiner Stimme lag Bitterkeit.

»Wie hast du's rausgefunden?«

»Ich hab Maria wiedergesehen. In Hamburg. Auswärtsspiel der Bayern. Natürlich wollten wir auch auf die Reeperbahn. Und da hab ich sie gesehen. Komisch. Sie hätte jeden haben können. Und jetzt stand sie da, wo jeder sie haben konnte. Er musste nur dafür bezahlen. Wir sind in eine Kneipe gegangen. Dort hat sie mir erzählt, was damals passiert ist, zwischen ihr und ihrem Vater. Sie hat gesagt, wenn sie nicht fortgegangen wär, hätte sie sich umgebracht. Und wenn sie jemals erfahren würde, dass ich jemandem im Dorf davon erzähle, würde sie das auch heute noch tun.«

»Und was ist dann passiert?«

»Als ich das nächste Mal zu Hause bei uns im Dorf war, hab ich dem alten Wenzl eine reingehauen. Und ihm schöne Grüße von Maria ausgerichtet.«

»Krass, und was hat er gemacht?«

»Mir die Nase gebrochen.«

»Ach, deswegen hat die diesen kleinen Knick in der Mitte.«

Max lachte trocken. »Mmmmmh. Du solltest erst mal die Narben sehen, die übrig geblieben sind, als er mich mit der Heugabel erwischt hat.«

Wir schwiegen. Nach einer Weile fuhr Max fort. »Manchmal denke ich, dass es alle im Dorf wissen. Aber keiner redet darüber.«

»Warum nicht?«

»Das hab ich mich auch oft gefragt. Vielleicht, weil er ihnen so ähnlich ist … Weil er einer von ihnen ist. Deswegen haben sie eine solche Angst. Wenn er zu solch einer Schweinerei fähig war … Davor haben sie Angst. Dass sie genauso sind wie er. Deswegen tun alle lieber so, als wäre gar nichts geschehen. Weil so etwas in unserem Dorf gar nicht geschehen kann. Und darf.«

»Heile Welt?«

»Genau: heile Welt! Und so soll sie bleiben. Koste es, was es wolle.«

Ich konnte Max sehr gut verstehen. Auf Dauer kann das nicht gut gehen, wenn ein Bild, eine Vision mächtiger sein will als die Wirklichkeit und man verzweifelt versucht, dass das Bild keine Kratzer bekommt. Ich hatte das im Osten ja selbst erlebt, in einer ungleich größeren Dimension. Zum ersten Mal hatte ich das Gefühl, dass Max und ich einander nicht fremd waren.

19. Kapitel: In welchem einem Berliner erklärt wird, warum alle Menschen und insbesondere er Deppen sind und das auch gut so ist

Nach einer ruhigen Nacht, ich war einfach schneller eingeschlafen als Max und die anderen Schnarcher, kam mir das
morgendliche Ritual auf der Hütte bereits sehr vertraut vor.
Die Frühaufsteher lärmten, alle anderen gönnten sich noch
eine Mütze voll Schlaf. Anziehen, ein kurzes Frühstück, und
raus ging es in die morgendliche Kühle. Ohne großartig Tempo
zu machen, stiegen Max und ich in Richtung des Ingolstädter
Hauses, das am Rande des Steinernen Meers lag. Das Steinerne
Meer ist ein gigantisches Plateau, und unser Weg führte uns
mitten hindurch. Ich war wie erschlagen von der Weite. Aus
der zerfurchten Steinebene ragten nur einige wenige Felsspit-
zen heraus. Ich fühlte mich hier wie auf dem Mond. Wie nicht
von dieser Welt. Entrückt. Wir hörten nur noch unsere eigenen
Schritte und ab und an den Wind, wenn er an einem Rucksack-
band surrte. Es war, als ob die Stille uns rufen würde. Schwei-
gend gingen wir weiter. Hier gab es nichts zu sagen.

In etwas mehr als sechs Stunden hatten wir das Ingolstädter
Haus erreicht. Es war gerade einmal vierzehn Uhr. Max und ich
nutzten die Zeit für ein ausgiebiges Sonnenbad. Als Max sein
T-Shirt auszog, entdeckte ich drei eindrucksvolle Narben an der
rechten Seite seines Rumpfes, die für mich gleich noch ein wenig eindrucksvoller aussahen, da ich ihre Geschichte kannte.
Ich grübelte. Wie immer. Diesmal über das Wandern. Ich blieb
dabei, das Wandern war monoton. Man machte wirklich nichts
anderes, als stundenlang einen Fuß vor den anderen zu setzen,

der Herzschlag die meiste Zeit am Limit. Doch die Monotonie hatte sich mit der Zeit für mich gut angefühlt. Vor allem dann, wenn man dabei derart herrliche Landschaftskulissen erlebte. Man bekam dabei den Kopf frei. Großreinemachen im Gehirn. Na ja, ein Grübler wie ich räumte vielleicht nicht gleich den ganzen Schrank aus, sondern nur ein paar Schubladen. Aber immerhin.

»Du, Max, was ich dich schon die ganze Zeit fragen wollte. Was recherchieren wir eigentlich auf unserer Tour?« Der findige Max hatte nämlich zwei von den drei Tagen, die wir freinehmen mussten, als Recherche für eine Geschichte deklariert und uns so zwei Urlaubstage gerettet.

»Alte bayerische Schmugglerpfade.«

»Aha, und ... müssen wir für die Geschichte noch etwas machen?«

»Naa, die hab ich längst fertig. Kannst dich entspannen.«

Da musste er nicht zweimal bitten. Ich schloss die Augen, roch die Sonne. Atmete die Stille ein und ließ meine Gedanken treiben. So ließ es sich leben.

»Mei, ihr Bayern habt wirklich Glück gehabt, mit den Bergen und so ... das ist schon ein richtig schönes Stück Heimat, das ihr da habt«, sagte ich zu Max, der neben mir in der Sonne döste. Ohne die Augen zu öffnen, murmelte er zurück:

»Heimat? Die Berge? ... Is des wirklich die Heimat? Weißt ... I denk mir immer, die schöne Landschaft allein, die kommt ganz gut ohne uns zurecht. Die wird nicht schöner, weil du hier bist. Oder ich ....« Max setzte sich auf und schaute zu mir rüber. »Die Landschaft is nich die Heimat, sondern des, was wir draus machen. Wenn wir jetzt im Ruhrgebiet wären, säßen wir beide jetzt in einer Kohlengrube, und des wär trotzdem Heimat. Weißt, wann das Leben am schönsten ist? Wenn die Leit zusammenhocken, es was Gscheids zu essen und zu trinken gibt und man über Gott und die Welt ratschen kann. Des ist Heimat. Die anderen. Deine Familie, die Kollegen, Leute wie der alte Wenzel, die Maria, ich. Und jetzt sogar einer wie du!«

Wieso wusste Max immer auf alles eine Antwort? Und dazu noch ziemlich einleuchtende? War er die Wiedergeburt eines berühmten Philosophen? Aber wenn ja, von welchem?

»I brauch was zu dringa. Wuist a was?«, holte mich Max nach einer Weile aus meinen Gedanken zurück.

»Ja mei, I glaub, a Weißbier wär jetzt ned schlecht!«, radebrechte ich.

Max schüttelte lachend den Kopf: »Sofort, der Herr!«

Ich dachte über das nach, was Max gesagt hatte. Die Heimat, das sind die anderen. Der französische Philosoph Sartre hatte das mal ein wenig anders formuliert. Bei ihm waren die anderen die Hölle. Mit seinen Ideen zum Existenzialismus und zum Sein und dem Nichts wäre Sartre in Bayern wohl nicht sehr weit gekommen. Kein Wunder, dass die Bayern sich selbst bei jeder Gelegenheit versichern: Mir san mir. Ohne genau Rechenschaft darüber abzulegen, wofür das »mir« eigentlich genau steht. Die Bayern sind nicht irgendwer. Die Bayern, die sind in erster Linie bei sich. Was für seltsame glückliche Menschen.

Es war noch früher Abend und Max hatte zwei andere Wanderer angehauen, um Karten zu spielen. Es waren Österreicher, die aussahen wie Klone der Huberbuam, eines bayerischen Brüderpaars, das zu den besten Solo- und Speedkletterern der Welt gehörte. Wenn eine Eiche und ein Felsen miteinander Kinder zeugen könnten, das Ergebnis wären die Huberbuam. Die beiden Klone waren ebenfalls auf den Watzmann gestiegen. Allerdings waren sie nicht wie wir hinaufgestiefelt, sondern durch die knapp zweitausend Meter hohe Ostwand geklettert. Für die beiden ein Klacks, schließlich verbrachten sie ihre Zeit in den

Bergen gern auch mal damit, in 48 Stunden so viele Dreitausender wie möglich zu besteigen, gefrorene Wasserfälle zu erklettern oder zu bouldern.

»Kannst überhaupt Schafkopfen?«

Ich zögerte: »Ist doch so ähnlich wie Doppelkopf, oder?«

Max verglich meine Intelligenz mit der einer Parkuhr und klärte mich auf, dass Schafkopf die »Mutter aller Kartenspiele« sei. Aber es würde mit mir schon gehen. Vielleicht hätte ich Max sagen sollen, dass ich das letzte Mal als Kind im Ferienlager Karten gespielt hatte. Ein doppelkopfsüchtiger Betreuer hatte uns damals Abend für Abend das Spiel beigebracht. Außerdem war ich das französische Blatt gewohnt. Ich tat mich mit dem deutschen Blatt, das jetzt auf dem Tisch lag, entsprechend schwer. Trotz der kurzen Regelkunde durch Max vermischte ich ständig Doppelkopf- mit Schafkopfregeln. Nachdem Max und ich mal wieder in den Schneider gespielt wurden, hielt er es nicht mehr aus.

»Ich hab ja schon mit vielen Deppen zusammengespielt, aber du …« Wie alle Bayern pflegte auch Max eine sehr innige Beziehung zu Schimpfwörtern. Ich hatte es schon oft genug im Büro erlebt. Auch die Kollegen legten, was Schimpfwörter anging, eine verblüffende Großzügigkeit an den Tag. Depp hier, Depp da … im Grunde genommen schien die ganze Welt nur aus Deppen zu bestehen. Einer erzählt von einer Hochzeit, auf der sich der Bräutigam aufs Kleid der Braut erbricht. Großes Gelächter, so ein Depp. Die Nordic Walker im Englischen Garten? Alles Deppen. Der Münchner Rechtsanwalt, der eine Disco wegen Diskriminierung verklagt, weil er an der Tür abgewiesen worden war. Ein armer Depp. Mario Gomez, der es mal wieder geschafft hatte, den Ball aus einem Meter Entfernung am Tor vorbeizulegen. Klarer Deppenfall. Doch auch untereinander bescheinigten sich die Kollegen gern und aufrichtig, nicht ganz dicht in der Birne zu sein. Merkwürdigerweise führte dies jedoch weder zu Zwietracht noch zu Streit unter den Kollegen. Nein, das locker hingeworfene »Depp, du!« wurde entweder mit einem fröhlichen Lachen oder einem »Ja mei« hingenommen. Nur in ganz seltenen Fällen konterte der Beschuldigte mit einem knackigen »Arschloch«. Was dann auch meist zu einer sofortigen Beendigung des Gespräches führte. Wahrscheinlich enthielt das Wort »Arschloch« in Bayern die Metabotschaft: »Lass mich in Ruhe.«

»Ich bin kein Depp«, wehrte ich mich gegen die Beschuldigung. »Ich spiel halt nicht so oft Karten wie du!«

»Klar bist a Depp!«, entgegnete Max bestimmt. Sein Ärger war längst verraucht, er grinste schon wieder.

»Wieso? Ich finde, du gehst ziemlich lax mit derlei Beschimpfungen um.«

»Des is koa Beschimpfung.«

»Was denn sonst?«

»Des is a Meinung«, erklärte Max sachlich, »und deswegen immer erlaubt.« Ich fand nicht, dass es in diesem Fall angebracht war, sich auf Artikel 5 des Grundgesetzes zu berufen, in dem die Meinungsfreiheit geregelt wurde.

»Manchmal ist's natürlich aber auch eine Tatsachenbehauptung«, mischte sich einer der beiden Kletter-Klone in unsere Unterhaltung mit ein. Auch er hatte mit mir im Verbund so manches Spiel verloren, von dem alle am Tisch hinterher behauptet hatten, dass man es nicht hätte verlieren können. Ich allerdings hatte das Unmögliche möglich gemacht. Bevor ich ihm erklären konnte, dass meiner Meinung nach Österreicher nichts weiter sind als der erste fehlgeschlagene Versuch Gottes, Deutsche zu machen, lachte Max mich an und sagte:

»Du musst da a bisserl lockerer werden.«

»Ich bin total locker.«

»Des Einzige, was bei dir locker ist, san ein paar Schrauben im Hirn«, dröhnte Max. Die Klone stimmten ihm zu. »Naa, war nur ein Spaß. Du derfst des net alles immer so eng sehen. Schau dir zum Beispiel unseren Oberbürgermeister daheim in München an. Der hat einmal in Schwabing einen Papageien kennengelernt. Aber nicht irgendeinen. Des war ein gebildeter, schlauer Papagei. Der hat einer Operndiva gehört. Und als er den Ude gesehen hat, was hat er da gerufen? ›Du Arschloch!‹ Und was hat der Ude gemacht? Er hat sich mit dem Papageien angefreundet und ihn danach öfter besucht. Da kannst dir ein Beispiel dran nehmen.«

»Ich soll mich von einem Papagei beschimpfen lassen? Wieso das denn?«

»Siegst des, du bist doch a Depp. Es geht net um den bleden Papagei, es geht ums Prinzip!«

Ich verstand nur Bahnhof. Doch Max hatte Mitleid mit mir und weihte mich in die tiefere Logik der bayerischen Beschimpfungslehre ein.

»Des wird jetzt a bisserl philosophisch«, sagte Max. »Hast schon mal was vom Deppenprinzip gehört?«, fragte er mit ernster Stimme.

»Nein.«

»Also, das Deppenprinzip besteht aus zwei wichtigen Thesen. These Nummer 1: Die wenigsten von uns behaupten von sich, ein Depp zu sein. These Nr. 2: Aber die meisten von uns sind es.«

Ich hätte es ahnen müssen. Philosophisch bedeutete nichts anderes, als dass das, was Max zu sagen hatte, sehr, sehr merkwürdig klang. Doch Max ließ sich nicht beirren.

»So, das theoretische Fundament steht. Jetzt kommt der praktische Teil. Wie hoch schätzt du eigentlich die Deppenquote in deinem persönlichen Umfeld ein?«

Ich schaute Max leutselig an: »Im Moment?«

»Nein, eher allgemein. Den ganzen Tag über. Auf alle Menschen gerechnet, mit denen du so zu tun hast.«

»Vielleicht würde es mir helfen, wenn ihr mir erst mal sagt, was eigentlich genau ein Depp ist.«

»Des darfst net so eng sehen. Nimm einfach alle Menschen, bei denen man sich immer wieder die Frage stellt, wie sie den Tag eigentlich überleben. Menschen, deren Dummheit dir körperliche Schmerzen bereitet«, schlug Max vor. »Ich zum Beispiel, ich leide jeden Tag Höllenqualen. Obwohl man es mir nicht ansieht.«

So ganz war mir noch immer nicht klar, worauf Max hinauswollte. Aber ich dachte lange und sorgfältig nach und antwortete:

»Also, ich würde sagen, dass achtzig Prozent meiner Mitmenschen Deppen sind.«

»Halleluja. Bist du ein guter Mensch«, stöhnte Max. Seine Deppenquote lag bei 99 Prozent. Er betonte jedoch, dass an manchen Tagen hinter dem Komma noch weitere Zahlen folgen würden.

»So, und jetzt wird's kompliziert«, fuhr Max mit seinen Erklärungen fort. »Anhand der eben genannten Deppenquoten ist klar: Die Welt da draußen ist voller Deppen. Des is Fakt. Die alles entscheidende Frage ist nun allerdings, wer von uns ist wirklich und wahrhaftig ein Depp?«

Er machte eine kleine Pause, um die Wirkung seiner Frage zu verstärken. Ich wurde neugierig. Wusste Max tatsächliche eine Antwort auf die Frage, welche Menschen Idioten sind und welche nicht?

»Ich sag dir ein Beispiel. Nehmen wir zum Beispiel uns vier. Wir sitzen hier zusammen. Und nehmen wir jetzt einmal weiter an, rein hypothetisch, dass ich dich für einen Nichtdeppen halte. Und du zählst mich ebenso zu den Nichtdeppen. Dann sitzen also zwei Nichtdeppen hier am Tisch. Jetzt haben wir jedoch hier ja noch den Xaver. Und nehmen wir jetzt einmal an, dass wir beide den Xaver für einen Deppen halten. Wie viele Deppen und Nichtdeppen sitzen dann jetzt am Tisch?«

Ich überlegte. »Ein Depp, zwei Nichtdeppen …. Kann das sein?«

»Falsch! Du hast den Xaver und mich nicht mitgezählt. Denn der Xaver wiederum hält dich natürlich für einen Deppen. Mich nicht. Summiert man all diese Ansichten, sitzen am Tisch insgesamt drei Deppen und drei Nichtdeppen. Wos man selber über sich denkt, zählt nicht.«

Das hatte ich verstanden. Eins kam mir allerdings komisch vor. »Hab ich das jetzt richtig mitbekommen, dass dich in der ganzen Geschichte niemand für einen Deppen hält?«

»Zufall«, wimmelte Max ab. »Wennsd lang genug suchst, findest auch einen, der mich für einen Deppen hält. Viel entscheidender ist doch: Ob jemand ein Depp ist oder nicht, hängt nicht davon ab, was er tut oder sagt, sondern einzig und allein von der Tatsache, mit wem er gemeinsam an einem Tisch sitzt. Irgendeiner hält dich immer für einen Deppen. Ich meine, es gibt Leute, die Gandhi nicht leiden mochten, es gibt Menschen, die George Bush zum Präsidenten gewählt haben. Es gibt sogar welche, die Dieter Bohlen zu einem reichen Menschen gemacht haben. Die Welt ist voller Irrer. Es hängt alles nur von der Perspektive ab, aus der man das Ganze betrachtet. Und betrachtet man nun all diese unterschiedlichen Perspektiven und Meinungen nicht mehr nur für sich, sondern öffnet seinen Blick auf das große Ganze, dann lässt sich daraus nur eines folgern: Im Grunde genommen sind wir alle Deppen.«

»Ach so.«

»Und deswegen darf man es auch jedem sagen«, ergänzte Max triumphierend.

Ich dachte über das, was Max gesagt hatte, nach. Ich hatte das dringende Gefühl, dass irgendetwas in der Argumentation von Max nicht stimmte. Doch ich kam nicht drauf. Aber die Schlussfolgerung, die Tatsache, dass wir im Grunde genommen alle Deppen waren, gefiel mir. Die Erkenntnis fühlte sich sehr... entspannt an. Nur eines war mir nicht ganz klar:

»Was ist eigentlich, wenn dich alle anderen Menschen für einen Deppen halten? Ich meine, wirklich alle! Wenn es auf der ganzen Welt keinen anderen gibt, der dich sozusagen zum Nichtdeppen macht?«

Diesmal schaute Max ziemlich ratlos drein.

»Ja mei, also dann hast allerdings schon ein ernsthaftes Problem.«

Francesca war sehr skeptisch, als ich am Abend am Telefon versuchte, ihr das Deppenprinzip herzuleiten. Ich war extra noch eine halbe Stunde den kleinen Hundstod hinaufgelaufen, um einen besseren Handyempfang zu haben. Geduldig hörte Francesca zu. Als ich fertig war, gähnte sie und sagte:

»Hast du dir eigentlich mal überlegt, dass Max dich reingelegt hat? Dass er dir...« Sie verstellte ihre Stimme, sodass sie tiefer und brummiger klang: »...oan rechten Schmarrn erzählt hat.« Sie gab mir einen Gute-Nacht-Kuss durchs Telefon. Ich war wie vom Donner gerührt. War das möglich? Dass Max sich einen Spaß mit mir gemacht und mir einen Bären aufgebunden hatte? Aber warum? Ich überlegte. In Gedanken ging ich das Gespräch noch einmal durch. Hatte es irgendwelche verräterischen Zeichen gegeben? Ein Schmunzeln an der falschen Stelle? Ein intensiver Blick, ob ich die Märchengeschichte auch schlucken würde? Ich konnte mich an nichts dergleichen erinnern. Den ganzen Rückweg über zermarterte ich mir den Kopf, beim Abendessen und auch vor dem Einschlafen. Doch egal, wie ich es drehte oder wendete, wenn Francesca recht hatte, dann war ich wirklich ein Depp. Vielleicht sollte ich aufhören, immer so viel über das nachzudenken, was andere Menschen mir erzählten.

Samstag, der letzte Tag unserer Wanderung. In aller Früh brachen wir auf zum Kärlingerhaus am Funtensee. Der See hat sich einen Namen als kältester Ort Deutschlands gemacht. Doch jetzt im Hochsommer war er umgeben von sattem Grün. Im Gegensatz zu den kargen Gräsern und Moosen, die im Steinernen Meer einen aussichtslosen Kampf fochten, wucherten hier Bäume und Pflanzen in üppiger Pracht. Nach einer längeren Mittagspause am Kärlingerhaus ging es weiter bis nach St. Bartholomä, wo wir mit dem Schiff zurück zur Ortschaft Schönau fahren würden, dem Ausgangspunkt unserer Wanderung. Doch zuvor wartete noch ein Highlight auf uns, die Saugasse. Eine Felsschlucht, in der sich der Weg in kleinen steilen Serpentinen durch einen grünen Pflanzenteppich schlängelte. Hatten wir uns durch die vierte Dimension in einem südamerikanischen Dschungel verirrt? Wir waren doch nur drei Autostunden von München entfernt.

In St. Bartholomä hatte uns die Wirklichkeit wieder. Die malerische Kirche mit den roten Zwiebeltürmen war ein Muss für Bayernbesucher. In unseren verdreckten Wanderklamotten wirkten wir hier mehr als fehl am Platze. Ich fühlte mich fremd zwischen den Touristenmassen und wäre am liebsten umgekehrt. Ich war froh, als wir endlich in Schönau angekommen waren, im Auto saßen und den durchorganisierten Touristenwahn hinter uns lassen konnten.

»Du solltest erst mal sehen, was oben auf der Zugspitze los ist«, meinte Max, nachdem wir losgefahren waren.

»Ich war da!«, bekannte ich. Francesca hatte die Idee gehabt. Und Oskar war natürlich begeistert gewesen von der Vorstellung, auf den höchsten Berg Deutschlands zu gehen. Besser, zu fahren, mit der Seilbahn. Was wir nicht wussten, war, dass die Zugspitze nichts mehr mit einem Berg gemein hat. Die überfüllten gigantischen Aussichtsplattformen hatten uns erschreckt. Auf allen vieren gehend, teilweise in Sandalen, machten sich die Leute auf, um von den gesicherten Plattformen zum Gipfelkreuz zu gelangen und von dort die Liebsten anzurufen. Die Telekom grüßt freundlich von einem großen Werbeplakat. Ein unwirkliches Spektakel. Ständig erreichten auch normale Wanderer, die sich auf einem der drei Wege ein paar Stunden lang hinaufgequält hatten, die Gipfelstation. Wie Verirrte suchten sie nach der Anstrengung etwas, das es tagsüber auf der Zugspitze nicht gab: ein ruhiges Plätzchen. Das war in den letzten vier Tagen, vor allem gestern im Steinernen Meer, ganz anders gewesen.

»Und kommst des nächste Mal wieder mit?«, wollte Max wissen.

»Auf jeden Fall«, antwortete ich, ohne zu zögern.

»Ja, da schau her«, freute sich Max. »Siehgst es, jetzt bist scho fast a halber Münchner!«

Komisch, noch vor einem Jahr wäre das eine Beleidigung für mich gewesen. Jetzt aber dankte ich für das Kompliment. »Und was muss ich machen, um ein ganzer zu werden?«

Max schaute mich schelmisch an. »Na, deine erste Wiesn überleben!«

Wiesn? Stimmt, das hatte ich vollkommen vergessen. In drei Monaten stand ja das größte Massenbesäufnis der Welt an, auf der Münchner Theresienwiese. Weshalb der Münchner auch Wiesn zum Oktoberfest sagt. Ich grinste selbstzufrieden. »Ich glaube nicht, dass es für mich ein Problem wird, das Oktoberfest zu überleben. Ich habe nämlich gar nicht vor hinzugehen«, erklärte ich Max. Doch was nützen einem die besten Absichten, wenn das Leben ganz andere Pläne mit einem hat.

20. Kapitel: In welchem Besuch aus Berlin eintrifft und das schwierige Verhältnis der Bayern zur Revolution erläutert wird

»Nekstolt Odnsbloz«, ertönte die Ansage aus dem Lautsprecher der U-Bahn.

»Ich wusste gar nicht, dass die Münchner U-Bahn-Fahrer auch Klingonisch sprechen! Was hat der da gerade gesagt?« Seit zwei Stunden war Thomas nun schon in München. Und er ließ keine Gelegenheit aus, mich zu foppen.

»Nächster Halt Odeonsplatz«, knurrte ich halbwegs verständlich zurück.

»Wow, du kannst ja auch schon Klingonisch!«, knuffte mich Thomas vergnügt.

Da es in München keine Musikanten in der U-Bahn gibt – sie sind vom Wachpersonal ungefähr ebenso gern gesehen wie Bikini-Girls auf einem Wochenmarkt in Teheran –, haben die Fahrer der U-Bahnen freundlicherweise die Aufgabe übernommen, die Fahrgäste zu unterhalten. Leider funktioniert das nur noch in den alten U-Bahn-Wagen, in denen es noch keine automatische Ansage gibt. Der bullige bayerische Akzent, gepaart mit dem dumpfen Scheppern der uralten Lautsprecheranlage, klingt in etwa so, als würde ein Wal in einer Mülltonne husten.

Thomas fand München »richtig schön«. Und »am schönsten« fand er, dass er in zwei Tagen wieder wegfahren durfte. Ich hatte mich auf seinen Besuch gut vorbereitet und wollte seinen ständigen Schmähungen mit gutem Essen, Natur pur und a bisserl Dekadenz begegnen, der irdischen Dreifaltigkeit des Münchner Lebens. Sollte das alles nicht helfen, konnte ich ihn zur Not immer noch in eine Kneipe schleppen und betrunken machen.

Fürs gute Essen setzte ich aufs Paulaner im Tal. Mein gastronomisches Wissen war dank Max mittlerweile recht umfangreich geworden. »Nimm den Krustenbraten. Des is eigentlich ein Wammerl, also Bauchspeck. Aber wenn das Krustenbraten heißt, klingt es einfach besser und mehr Leute essen das dann auch. Ist wirklich gut.« Thomas vertraute mir und wurde nicht enttäuscht. Doch als die Bedienung zu uns an den Tisch gekommen war und uns mit dem üblichen »Grüß Gott« begrüßt hatte, konnte Thomas es sich natürlich nicht verkneifen, ihr zu antworten, dass er das tun würde, sobald er dem himmlischen Herrscher begegnete. Ansonsten gefiel ihm das Lokal sehr gut. Neben uns am Tisch saß eine Runde Männer, die Karten spielte und den Spielverlauf ständig kommentierte. Beinahe jede geworfene Karte wurde diskutiert. Dabei geizten die Spieler nicht mit bayerischen Kraftausdrücken. Ruhig war es an dem Tisch eigentlich nur, wenn die vier etwas trinken mussten. Ein paar Meter weiter hatte sich eine größere Familiengesellschaft eingefunden. Opas Geburtstag sollte gefeiert werden.

»Guck mal!«, zischte Thomas plötzlich, der von seinem Platz aus das Treiben an dem Familientisch bestens beobachten konnte. Ich drehte mich kurz um und sah, wie der Jubilar ein Stück Brezn in sein Bier tunkte und es einem vielleicht acht Monate alten Baby vor die Nase hielt. Offensichtlich sein Enkel, der glücklich im Schoß seiner Mutter an dem dargebotenen Teigstück nuckelte.

»Ah geh«, bemühte ich mich um bayerische Gelassenheit.

»Siehste, von klein auf werden die Menschen hier infiltriert. Wie früher bei uns im Osten. Mannomann, schon die Säuglinge auf Bier abrichten. Kein Wunder, dass die am Ende alle so werden, wie sie sind.«

Richtig große Augen bekam Thomas jedoch erst, als am Nebentisch riesige Platten mit Fleischbergen sowie Schüsseln mit Knödeln und Kraut aufgetragen wurden. Die Mengen waren enorm. Und wenn eine Platte oder Schüssel leer war, wurde eilig eine neue aufgetischt. Thomas liebte Fleisch. Was am Nebentisch vor sich ging, war für ihn ein Traum.

»Was ist das denn?«, fragte er gierig. »Das ist ja wie Weihnachten, Ostern, mein Geburtstag und dein Geburtstag an einem Tag!«

»Ach das? Das ist das Omaessen«, bemerkte ich betont beiläufig und zeigte es ihm in der Karte. Das Omaessen ist das ultimative Gelage, die bayerische Variante des All-you-can-eat-Prinzips. Kalb, Schwein und Ente, so viel, wie man schafft, dazu Knödel, Soße und Kraut. Blau oder weiß, wie gewünscht. Alles serviert auf großen Platten und in großen Schüsseln, sodass sich jeder selbst bedienen kann.

»Die Kellner servieren so lange weiter, bis wirklich der Letzte am Tisch nach einem Schnaps bettelt«, erklärte ich Thomas.

»Das will ich auch.« Mittlerweile schaute er wie ein Hund, der wartet, dass er von seinem Herrchen auch endlich einen Happen zugeworfen bekommt. »Wammerl, Omaessen… wieso kennst du dich eigentlich so gut aus?«, wollte Thomas wissen.

»Ja mei! So halt.«

Thomas schüttelte nur den Kopf und bestaunte weiter die fröhliche Orgie am Nebentisch. Fehlte bloß noch, dass er anfing zu sabbern. Auf dem Weg nach Hause erzählte Thomas, was in Berlin grade angesagt war. Neue Clubs, neue Lokale, neue Trends, neue Baustellen. Mir kam es so vor, als redete er von einer andren Welt, einer Welt, die viel weiter weg lag als nur sechshundert Kilometer.

An heißen Sommertagen gleichen die Steinstrände der Isar einem dieser Wimmelbilder von Ali Mitgutsch. Hier kann man faulenzen, baden, lesen, Hunde Gassi führen, picknicken, flirten, Steine sammeln, schlafen, joggen, träumen, rauchen, sich verlieben, sich entlieben, vor sich hin dösen, Musik hören, Fußball spielen, spazieren gehen, lachen, nachdenken, streiten, sich sonnen, Nackte begaffen, grillen, radeln, Partys feiern …

Oskar liebte die Isar vor allem aus drei Gründen: Erstens konnte man dort Forellen gucken. Zweitens den lieben langen Tag Steine ins Wasser schmeißen. Und drittens die Forellen mit Steinen bewerfen. Eigentlich wollte ich nicht, dass Oskar Steine auf andere Lebewesen warf. Aber da Oskar stets so zielte, als hätte er 2,2 Promille im Blut, waren die Fische vor seinen Steinen sicher, und ich konnte mir diesbezüglich erzieherische Maßnahmen sparen.

Wir hatten uns am Samstagnachmittag in die Nähe des Flauchers aufgemacht, wo die Isar erst vor Kurzem mit enormem Aufwand renaturiert und aus ihrem starren Flussbett befreit worden war. Einzig die Türme des nahe gelegenen Heizkraftwerkes kündeten davon, dass man sich noch in der Stadt aufhielt und nicht irgendwo in der Pampa zwischen Lenggries und Bad Tölz verlor. Merkwürdig, im letzten Sommer hatten wir noch an der Strandbar Mitte gelegen. Der kleine Flussabschnitt war liebevoll mit Pflanzen und Liegestühlen geschmückt worden. Und wenn man nicht gerade die trübe Spree im Blick hatte, war tatsächlich so etwas wie Strandfeeling aufgekommen.

München tut sich mit Stadtstränden schwer. Es gibt ja genug echte. So wie hier. Oskar hatte sich ein paar anderen Kindern angeschlossen, die am Flussufer ein Wehr bauen wollten. Eifrig schleppten sie Steine und Äste herbei. Meine vier Tage in den Bergen waren auch für ihn ein Abenteuer gewesen. Die Übernachtung mit den drei Söhnen von Max im Baumhaus hatte ihn selbstbewusster werden lassen. An dem Abend hatten sie auch ein Lagerfeuer gemacht und Würste darin gegrillt. Komisch, manchmal reicht Kindern ein einziges Wochenende, und sie sind gewachsen, bereit, den nächsten Schritt zu gehen. Ob ich diese Gabe auch noch hatte?

Während ich mal wieder vor mich hin grübelte, stänkerten Thomas und Francesca miteinander. Früher oder später – meist früher – geschah das immer, wenn die beiden aufeinandertrafen. Minus plus minus ergibt nun einmal plus. Francesca plus Thomas ergibt Streit. Diesmal war es Thomas gelungen, Francesca in einen Disput über die revolutionären Ambitionen des italienischen Volkes zu verwickeln. Angesichts der desolaten Situation des Landes müsse da ja bald mal was passieren. Keine Ahnung, warum, aber das Thema war eines von Thomas' Steckenpferden. Ich hatte von Leuten gehört, die abgehen, wenn sie Füße massieren, an getragener Wäsche schnüffeln oder mit ihren Schuhen schlafen. Thomas aber hatte einen Revolutionsfetisch. Widerstand gegen die Obrigkeit! Das war sein Ding. Gern auch mit Waffengewalt. Nächtelang hatte ich mir seine Ausführungen über die Notwendigkeit von gesellschaftlichen Veränderungen durch Revolte anhören dürfen.

»Und glaub mir, bald ist es auch in Deutschland wieder so weit«, prophezeite er nach seinen Monologen gern. Auch heute trug er stolz sein Che-Guevara-Shirt. Es war zwanzig Jahre alt und mittlerweile so dünn, dass ich bei richtigem Sonnenstand seine Brustbehaarung durch den Stoff sehen konnte. Ich glaube, insgeheim hatte er gehofft, hier auf der Straße deswegen angepöbelt zu werden. Revolution. Aber an einem Sommertag an der Isar scheint nichts weiter entfernt als der Gedanke an eine Revolution. Dabei waren die Bayern, was Revolutionen anging, gar nicht mal so zimperlich. Max hatte in einer Mittagspause mal wieder Aufklärung an mir betrieben und stolz verkündet, dass die Bayern 1918 die Ersten gewesen waren, die ihren König abgesetzt hatten. Und eine Räterepublik haben sie damals auch gleich ausgerufen.

»Wenn's brennt, simma da. Weil wenn a Sach in Ordnung gbracht werden muas, dann muas sie in Ordnung gbracht wern«, hatte er mit wichtiger Miene verkündet. Bayerische Logik, na klar. »Damit mir hinterher wieder a Ruh ham.« So machte das Ganze schon etwas mehr Sinn. Wieder Ruhe haben. Kein Wunder, dass die Münchner Räterepublik gerade mal vier Wochen gehalten hatte.

Die letzte Revolution, die die Bayern veranstaltet hatten, war die sogenannte Biergarten-Revolution. 1995 war das. Es ging dabei um die Schließungszeiten der Biergärten. Die sollte vorverlegt werden. Von 23 auf 22 Uhr. Vier Jahre lang dauerte der Rechtsstreit um die eilig erlassene Biergartenverordnung des Freistaats, in der das Recht auf Gemütlichkeit gesetzlich festgeschrieben werden sollte. Schließlich musste das Bundesverwaltungsgericht über die Sache befinden. Und das sitzt bekanntlich in Berlin. Für einen Bayern sprengt das natürlich die Grenzen der Rechtsstaatlichkeit.

»Des muas man sich amoi vorstellen! Da entscheiden so a paar Berliner über die Gültigkeit von bayerischen Gesetzen! Wo kommen mir denn da hie, wenn des Schule macht!«, hatte sich Max echauffiert. Dass die Klage gegen die Verordnung von Anwohnern eines Biergarten eingereicht und durch die Instanzen gepeitscht worden war, dass der »Feind« sozusagen gar nicht in Berlin saß, sondern aus den eigenen Reihen kam und die Kläger nach 22 Uhr wahrscheinlich einfach »a Ruh« ersehnten, das wollte Max lieber nicht diskutieren. Schließlich ging es – wie immer bei ihm – ums Prinzip.

Mittlerweile hatte Thomas bereits Berlusconi abgesetzt und dessen Medienmonopol zerschlagen. Gerade war er dabei, die italienische Mafia niederzuringen und dafür zu sorgen, dass auf den italienischen Straßen nicht mehr das Gesetz der Schnelleren und Stärkeren Gültigkeit hatte, sondern eine für alle verbindliche Straßenverkehrsordnung. Es war schön, zu sehen, dass bei Thomas trotz seiner revolutionären Träume seine bürgerliche Existenz als Bauingenieur doch immer wieder durchbrach. Francesca warf mir einen unmissverständlichen Blick zu: »Befreie mich!« Also, Abendessen im Biergarten. Denn eines muss man den Bayern lassen. Sie wissen, wofür es sich zu kämpfen lohnt.

21. Kapitel: In welchem ein Berliner beschliesst, erst wieder nach Hause zu fahren, wenn man in der Spree wieder Fische sehen kann

Das Glück in Bayern knirscht und klackert. Es knirscht unter den Schuhen auf dem Kies unter den mächtigen Kastanienbäumen und es klackert, wenn an einem der Biertische mit einer Runde frischer Maßen angestoßen wird. Wenn es die Biergärten nicht schon geben würde, müsste man sie erfinden. Im Hofbräu-Keller am Wiener Platz herrschte Hochbetrieb, die Gespräche der Leute mündeten in einem leichten Tosen, hier und da durchsetzt von lautem Lachen oder dem Weinen eines Kindes, das auf dem kleinen Spielplatz von der Rutsche gefallen war.

»Wo wolln wa hier 'nen Platz finden?«, maulte Thomas. Doch Francesca hatte bereits in der Nähe des Spielplatzes einen Tisch erspäht, der nur mit vier Leuten besetzt war. Zielstrebig ging sie darauf zu und fragte, ob die verbliebenen Plätze noch frei wären. Sie waren.

»In Bayern herrscht die Tradition des Zamrutschens«, flüsterte ich Thomas zu.

»Zam – was?«

»Zusammenrutschen.«

»Wieso sagste dit nich gleich?«

Als wir an den Tisch kamen, staunte Thomas nicht schlecht, als er sah, dass die vier beinahe komplett eingedeckt hatten. Kartoffelsalat, Käse, Butter, Schinken, Gewürzgurken, sogar Brote hatten sie dabei. Uns war es bei unserem ersten Biergartenbesuch ähnlich ergangen. Wir waren mit ein paar Kollegen und deren Familien verabredet. Während Max und sogar Single-

Willy alles Mögliche an Essen angeschleppt hatten, standen wir mit leeren Händen da. Mist, dass man sein eigenes Essen mit in den Biergarten bringen durfte, hatten wir nicht gewusst. Vor allem Francesca war tief getroffen. Jeder Bissen tat ihr weh. Beim nächsten Mal hatte sie sich dafür gleich doppelt ins Zeug gelegt. Ich war skeptisch, weil ich der Meinung war, dass Antipasti nicht zum Biergarten passen würden. Was für ein Irrtum. Ihre leckeren italienischen Schweinereien fanden reißenden Absatz, vor allem ihre legendäre Thunfischcreme.

Das Schöne am Biergarten ist, dass man kommen kann, wie man will. Unter der Woche sieht man nicht selten Anzugträger, die direkt vom Büro zum gemütlichen Teil des Lebens übergehen. Sogar Leute, die ihren Laptop dabeihaben, um noch etwas zu arbeiten, verschlägt es in den Biergarten. Jung und Alt sowieso. Im Biergarten sind sie alle. Warum?

»Der Biergarten macht alle gleich«, hatte Max das Geheimnis des Erfolges erklärt. »Die Großkopfert'n genauso wie des einfache Volk.« Auf meine Nachfrage hin erklärte er mir, dass es sich bei den Großkopferten nicht etwa dem Wortlaut nach um Menschen mit einer körperlichen Anomalie, also besonders großen Köpfen, handele, sondern um Menschen mit einer Anomalie im Geldbeutel oder sonst einer machtvollen Stellung in Politik und Wirtschaft. Seinen Ursprung habe das Wort allerdings in der Bezeichnung von Akademikern.

»Demnach wär sogar einer wie du an Großkopferter, du oider Grübler«, hatte Max gescherzt. Sogar allein sein konnte man im Biergarten. Umgeben von ein paar tausend anderen Menschen. Wenn man aufmerksam durch die Reihen mit den Bierbänken schaute, konnte man sie finden, die einsamen Männer, die wie regungslos in ihr Bier starrten. Es gab sogar einen Namen für diese besondere Spezies Biergartenbesucher. Es waren Hoggableiba.

Ein Hoggableiba ist einer, der einfach hocken bleibt, ein Gast, der nicht gehen will. Max hatte mir erklärt, dass der Hoggableiba eine typische bayerische Institution sei und dass es verschiedene Gründe gab, hoggn zu bleiben. Zum Beispiel, weil es sehr viel schmerzvoller war, den Weg nach Hause ins traute Heim anzutreten, als in der Wirtschaft noch ein Bier zu trinken. Dies war vor allem dann der Fall, wenn in jenem trauten Heim eine Frau auf einen wartete, die Rechenschaft über den langen Aufenthalt in der Wirtschaft verlangte. Ein anderer wichtiger Grund, hoggn zu bleiben, war die Tatsache, dass man bereits zu viel getrunken hatte. Und nur die Tatsache, dass man noch am Tisch saß, es einen nicht spüren ließ. Es gibt ja dieses Phänomen beim Trinken, dass man sitzend und stehend unterschiedlich betrunken ist. Du sitzt und fühlst dich nach drei Bieren pudelwohl. Doch kaum stehst du auf, dreht sich die Welt um dich, und du wünschst dir, dass du besser nicht aufgestanden wärst. Der Bayer als erfahrener Trinker weiß natürlich, wann er dieses Stadium erreicht hat. Und wird einfach zum Hoggableiba. Aus purem Selbstschutz.

Der Biergartenabend mit Thomas wurde lustig. Nachdem unsere Tischnachbarn herausgefunden hatten, dass sie mit zwei, also eigentlich anderthalb Berlinern am Tisch saßen, begannen sie von der Stadt zu schwärmen, die sie von zahlreichen Besuchen kannten. Thomas freute sich, dass er ein bisschen prahlen und die Bayern mit seinen ultimativen Berlin-Tipps versorgen konnte, die ihren nächsten Besuch in der Hauptstadt unvergessen machen würden.

»Siehste, da ham wa den Weißwürschten doch noch wat beibringen können, wa?«, freute sich Thomas. »Haste jehört, wat se über Berlin jesacht haben. Klasse Stadt, hamse jesacht.«

»Klar, hamse dit jesacht«, bestätigte ich Thomas. Wer ein derart großes Ego hat wie die Bayern, der hat es nicht nötig, andere kleinzumachen. Ich erinnerte mich noch genau an eine Diskussion mit Max, Peter und Willy in einer unserer Mittagspausen. Willy hatte noch eine Karte für den Kabarettabend mit Ottfried Fischer im Schlachthof übrig und gefragt, ob jemand von uns mitwolle. Ich hatte nicht nur verneint, sondern auch gleich die Gelegenheit genutzt, zu verkünden, dass ich es unglaublich finden würde, wie ein Mann mit dem beschränkten Talent von Ottfried Fischer im Showbusiness es so weit hatte bringen können.

»Is schon bitter, dass so einer zu euren Besten gehört!«

»Halt, nichts gegen den Monolithen aus Ornatsöd«, hatte mich Willy gebremst. Er kannte den Geburtsort von Ottfried Fischer. Er musste ein Fan sein.

»Wieso? Der Mann steht einfach nur da, rattert seine Sätze runter, ohne ein einziges Mal die Stimme zu heben oder zu senken. Das kann ich auch.«

»Ja dann mach's doch«, hatte Max gesagt.

»Aber ich kann's doch nicht!«

»Wieso, schreiben tust doch auch!«, hatte sich Peter in die Unterhaltung mit eingemischt. Alle lachten. Außer mir.

»Sorry, ich kann es einfach nicht verstehen, wie einer, der derart talentfrei ist, mit so was sein Geld verdient und das wahrscheinlich nicht zu knapp.«

»Ja, dafür, dass du jetzt net genug Geld nicht hast, da kann doch der Ottfried nichts dafür«, meinte Willy.

»Bist neidisch?«, wollte Max von mir wissen.

»Nein, bin ich nicht, es geht ums Prinzip«, hatte ich zu kontern versucht. Wohl wissend, dass Max mir bei jeder passenden Gelegenheit seine Prinzipien unter die Nase rieb.

»Ah, geh, von wegen Prinzip. A Neidhammel bist. Ist doch schön, wenn einer, der vom lieben Gott nicht ganz so viel Talent mit auf den Weg bekommen hat, wie der Ottfried, das Beste draus macht. Da kannst dir a Beispiel dran nehmen.« Max war sich nicht einmal zu schade gewesen, mich bei Francesca zu verpetzen, die genau wie er der Meinung war, dass es eine gerechte Strafe für mich sei, Willy in den Schlachthof zu begleiten und ihm für die Schmähung seines Idols an dem Abend auch noch Speis und Trank zu spendieren. Ja, vielleicht hatten die vier vorhin im Biergarten tatsächlich etwas von Thomas gelernt. Aber das war nichts, worauf er hätte stolz sein können.

Am Abend schauten Thomas und ich noch beim Brückenfest vorbei, das anlässlich der 850-Jahr-Feier Münchens stattfand. Liedermacher Konstantin Wecker gab auf der Bühne an der Ludwigsbrücke seine Songs zum Besten. Neben seinen Klassikern hatte Wecker auch noch extra ein Ständchen für das Geburtstagskind vorbereitet.

»Aber mi macht des München schon lang nicht mehr froh, drum sing ich heut einen Verriss. Weil scheint's nur wer mit Plastikgeld rumschmeißen ko, oan waschechtes Münchner Kind ist. Marketing-Moloch, spießig und gschleckt, Polizeihauptstadt, voll überwacht. Für die Jungen stelln's drei, vier Kommerztempel hin, aber wehe, wennsd da oaner laut lacht. Hey, München ist cool und wird kühler. Und built sich drauf au gut was ei, die Innenstadt täglich steriler, für die Stadt Münchner High Socei…jei…jei…jei. Die Mieten san schier unerschwinglich. Das Original Münchner Bier… gehört Großbrauereien aus Belgien. Sag amoi, München, was machst du mit dir?…«

Tosender Applaus im Publikum. Auch Thomas klatschte. Doch das Lied war noch nicht zu Ende.

»Trotzdem… naa… trotzdem…«, hob Wecker abwehrend die Hände und begann wieder zu singen. »Für mich ist München ein kleines Paradies, das der Herrgott der Welt hat geschenkt. Wo a jeder, der a freundlicher Mensch gwordn ist, genau a so vom anderen denkt. I leb, wie i wui, und du lebst, wie du wuist. Ohne Neid, ohne Krampf, ohne Hetz. I lass euch eu Rua. Und ihr lassts mir mei Rua. Das ist oberstes Münchner Gesetz.«

Noch mehr Applaus im Publikum. Diesmal ohne Thomas. Ein paar Leute wischten sich verschämt die Tränen aus den Augen.

Wer in München Dekadenz sucht, findet den Bayerischen Hof. Nirgendwo ist es leichter, sich wie ein König zu fühlen, als auf der Dachterrasse des Hotels am Promenadeplatz. Max hatte mich bereits zweimal in der Mittagspause hierhergeschleppt, mit der Begründung, dass man sich auch mal was gönnen müsse. Meine Frage, wann er denn aktiv verzichte, ließ er unbeantwortet und verwies lieber auf die Getränkekarte. Mittlerweile steckte ich ein Glas Weißwein zum Mittagessen locker weg. Dazu bestellte ich einen Salat. Den Rest der Woche würde es mittags Leberkässemmeln geben, um das Essensgeld-Budget wieder auszugleichen. Da oben zu sitzen, ist ein Traum. Von der Dachterrasse des Bayerischen Hofes blickt man direkt auf die Türme der Frauenkirche, die Dächer der Stadt und mit etwas Pech auch auf einen fettabgesaugten Hintern, der ein Stockwerk tiefer im Pool des Blue Spa, der Wellnessoase des Hotels, schwimmt. Genau der richtige Ort, um mit Thomas zu frühstücken.

»Ick jeh da nich rin«, maulte Thomas, als wir vor dem Bayerischen Hof standen. »Ick bin ja nich mal richtich anjezogen.« Er trug Jeans sowie ein knallgelbes T-Shirt mit einer schwarzen geballten Faust darauf, die mit einem roten Stern unterlegt war.

»Wieso? Shirts mit Prints sind doch total in«, tröstete ich ihn. Und wenn man bedenkt, wie viele Männer in München gerade mit den scheinbar LSD-generierten Designs von Christian Audigier herumliefen, war sein Look von beinahe schlichter Eleganz.

»Lecker!«, schmatzte Thomas eine halbe Stunde später genüsslich. Und ich wusste nicht, ob er sein sündhaft teures Wellness-Frühstück meinte, oder die wohlgeformten Beine der Modelblondine, die er seit unserer Ankunft auf der Terrasse unentwegt anstarrte.

Nach dem Essen dösten wir auf unseren Stühlen in der Sonne.

»Weeßte noch, wie wir früher immer in der Schale am Lustgarten jelejen haben?«, fragte Thomas. Ich nickte. Die Abende in der Granitschale vor dem Berliner Dom und dem Ägyptischen Museum waren klasse gewesen. Mit ein bisschen Mühe kann man dort hineinklettern. Bis zu zehn Leute haben dort locker Platz. Ich hatte mich in der Schale immer gefühlt, als hätte ich das Tor zu einer anderen Welt durchschritten. Vielleicht weil ich wusste, dass die Leute einen von außen nicht mehr sehen konnten. Man war unsichtbar, obwohl man mitten unter ihnen war. Es war immer wieder erstaunlich, wen man in der Schale alles kennenlernte. Einmal überraschten Thomas und ich sogar ein Pärchen beim Sex. Es gab aber auch Abende, an denen wir in der Schale allein blieben und in aller Ruhe über Gott und die Welt reden konnten.

»Die Schale war dufte. Warste mal wieder da?«, fragte ich.

»Is nich mehr janz meine Altersklasse, wat sich jetzt da so rumtreibt«, ächzte Thomas mit einem breiten Grinsen im Gesicht. »Aber hier oben in der Luxusklasse, da sind wir die jungen Hüpfer. Ick sollte mir vielleicht eine reiche Witwe angeln … Prost, die Dame«, rief er laut zum Nebentisch, an dem eine ältere Frau saß, die zu neunzig Prozent aus Schmuck und Schminke bestand. Die Dame schaute irritiert, prostete dann aber zurück. Thomas lächelte zufrieden. Es verging eine kleine Weile, bis er mir eine Frage stellte, die ihm wohl schon länger auf dem Herzen lag.

»Und, kommste zurück?«

»Wie zurück?«

»Nach Berlin natürlich! Irgendwann musste doch die Nase voll haben von dieser janzen Jemütlichkeit. Also, wann kommste zurück?«

Ich überlegte, und dann sagte ich: »Ick komm zurück, wenn man in der ollen Spree wieder Fische sehen kann.«

22. Kapitel: In welchem die Münchner Society auftritt und Adabeis, Champagner und Kirschsaft eine wichtige Rolle spielen

»Hast am Montagabend schon was vor?« Erwartungsvoll schaute Max mich an. Ich hatte nichts vor, aber das durfte ich Max auf keinen Fall sagen. Denn wenn Max einem nicht direkt sagte, was er von einem wollte, musste man vorsichtig sein. Sehr vorsichtig. So wie die Igel beim Küssen. Ich hatte es ja bei der Wanderung erlebt. Okay, die Geschichte war gut ausgegangen, aber bei Max wusste man nie, was er als Nächstes im Schilde führte. Hatte er zum Beispiel nicht neulich erst erzählt, dass bei ihm im Viertel eine Schule für Lachyoga aufgemacht hatte? Auf keinen Fall durfte ich seine Frage mit Nein beantworten. Ich wäre sofort für das, was auch immer an jenem Montag stattfand, verpflichtet. Mit Ja antworten ging auch nicht, da Max sofort nachfragen würde, was ich denn für diesen Montag genau plane. Da ich nichts vorhatte, müsste ich lügen. Was mir sehr schwerfällt. Und selbst wenn mir eine gute Ausrede einfiel, würde Max sofort versuchen, einen Plan zu entwickeln, mein nicht existentes Vorhaben auf einen anderen Tag zu verlegen oder einen Ersatz für mich zu besorgen, damit meine Ausrede ohne mich stattfand und er mit mir an jenem Montagabend das machen konnte, was er wollte. Das Beste war daher, mich erst einmal dumm zu stellen. Also fragte ich langsam und gelangweilt:

»Wieso?«

»Da eröffnet a neue Boutique in der Maximilianstraße!« Ja, und? Worauf wollte er bloß wieder hinaus? Ich stellte mich lieber weiterhin dumm.

»Aha!« Doch so leicht ließ Max nicht locker: »Ja, was is jetzt mit deinem Montag?«

»Wieso?«

»Ja, weil da diese Boutique eröffnet und i dahin muss.« Jetzt war die Katze endlich aus dem Sack. Doch was um aller Welt brachte Max dazu, auf eine Boutiqueneröffnung zu gehen? Noch dazu auf der Maximilianstraße? Ich vergaß vollkommen, mich weiterhin durch Dummheit zu schützen.

»Du gehst zu einer Boutiqueneröffnung in die Maximilianstraße?«

»Ja, da schaust, gell? Und du gehst mit!«

»Ich, wieso? Was soll ich denn auf so einer Veranstaltung?«

»Weil i sonst koan hab, mit dem i reden mog.«

»Aber wieso gehst du denn überhaupt dorthin?«

»Ja mei, sei froh, dass dei Frau koa Eventmanagerin ist. Anna hat das organisiert. Ein Riesenaufwand. Und sie freut sich, wenn ich dort bin. Also geh i hin. Obwohl mir die ganzen gschleckten Adabeis auf solchen Veranstaltungen gehörig auf den Keks gehen … Danke, dass du mitkommst.«

Das war mal wieder typisch Max. Ich konnte mich nicht erinnern, irgendwann in den letzten Minuten das Wort »ja« gesagt zu haben. Und trotzdem ging ich am kommenden Montag zu einer Shoperöffnung. Doch was, bitte schön, ist eigentlich ein Adabei?

An besagtem Montag trafen Max und ich uns gegen zwanzig Uhr am Marienplatz, von wo aus wir gemeinsam in die Maximilianstraße gehen wollten.

»Was ist das eigentlich für ein Laden, der da öffnet?«, fragte ich ihn, während wir am Dallmayr vorbei Richtung Max-Joseph-Platz schlenderten, wo die Maximilianstraße ihren Anfang nahm.

»Teuer. Was Italienisches. Glaub ich zumindest.«

Max dachte noch ein Weile lang nach, bevor er bekannte: »Ich hab keine Ahnung. Hab ich vergessen.«

Die Maximilianstraße ist wohl neben der Leopoldstraße Münchens bekannteste Straße. Sie gilt als Münchens Luxusboulevard, der das Who's who der internationalen Designer-Fashion sowie exklusive Juwelier- und Kosmetikgeschäfte versammelt. Hier fand man alles, was gut und teuer oder einfach nur teuer war. Für mich erwies sich auch die Maximilianstraße als Enttäuschung. Immer wenn man in München dachte: »Jetzt aber mal«, erlebte man das genaue Gegenteil. Wenn die Maximilianstraße eine Prachtstraße war, dann verstand sie es, ihr gutes Aussehen geschickt zu verbergen. Sie ist ein enger Schlauch. Der winzige Gehsteig entlang der prächtigen Fassaden lädt kaum zum Flanieren ein. Auf der Straße selbst kommt es tagsüber regelmäßig zu Staus durch Autos, die in zweiter Reihe geparkt sind und so den gesamten Verkehr zum Erliegen bringen. Erst auf dem letzten Stück hinauf zum Maximilaneum öffnet sich die Straße und besitzt jene Größe, die man von einem Boulevard gemeinhin erwartet. Doch an dieser Stelle flankieren nur noch Regierungsgebäude, Theater, ein Gymnasium und das Völkerkundemuseum die Maximilianstraße. Seine Shoppinggier muss man vorher gestillt haben.

Bereits vom Max-Joseph-Platz aus sahen wir das Zucken der Blitzlichter. Da mussten wir hin. Max hatte recht gehabt. Der Laden war teuer. Und der Name des Shops klang zumindest sehr italienisch.

Die junge Dame am Eingang mit der Gästeliste brauchte sich gar nicht erst durch die Namen zu wühlen, um uns zu finden. Sie kannte Max. »Der Herr Brunner, wie schön.« Flüsternd schob sie hinterher: »Anna ist drinnen. Sie ist grad am Ausrasten. Der Getränkeservice hat zu wenige Gläser angeliefert. Und sie muss jetzt noch welche organisieren.« Die Dame gehörte zu Annas Truppe, die dafür verantwortlich war, dass heute Abend alles lief wie geplant. Sie trug ein Businesskostüm. Eines von der Sorte, die ausdrückten, dass man eine Frau und sexy war, heute aber leider arbeiten musste.

»Servus, Kathrin. Ich werde das nie verstehen, wie man für eine Tätigkeit wie das Herbeizaubern von Gläsern so unanständig gut bezahlt wird«, flüsterte Max verschwörerisch zurück.

Bussi links, Bussi rechts. Drin waren wir.

Die Boutique war bereits gut gefüllt mit Menschen, deren Arbeit es war, schön auszusehen oder aufzufallen. Viele davon konnte man nicht kennen, wenn man bis nach achtzehn Uhr arbeiten musste und daher die klebrig-süßen Vorabendserien à la »Sturm der Liebe« oder den »Marienhof« in der ARD verpasste. Anderen – vor allem älteren Damen – sah man an, dass sie für ihre Schönheit einen stattlichen Preis bezahlt hatten. An einen Chirurgen. Die steifen Gesichtszüge sprachen Bände. Eine der Damen hatte die Besuche beim Arzt deutlich übertrieben. Sie war überall aufgequollen. Am Mund, über den Augen, an den Wangen und der Stirn.

»Meine Güte, die sieht ja aus wie ein Schwergewichtsboxer nach der zwölften Runde«, flüsterte ich zu Max.

»Ja, nur dass die sich keine Steaks auf die Schwellungen zu legen braucht. Die Beulen bleiben«, flüsterte Max zurück. »Die hat bestimmt 'ne Botox-Flatrate.«

»Eine was?«

»Eine Flatrate. Für Botox-Behandlungen. Jaa, so was gibt's heutzutage beim Schönheitschirurgen deines Vertrauens.«

Die anwesenden Männer steckten entweder in langweiligen oder teuren Anzügen, die Modeltypen in bunten Ed-Hardy-Shirts. Die dünnen verhuschten Typen versuchten sich an einem betont schlampigen Künstler-Look. Man kannte sich, lachte und scherzte mit gekonnter Falschheit und musterte die Neuankömmlinge betont unaufmerksam. Ob es jemand Wichtiges oder zumindest Bekanntes war, konnte man schon am plötzlich aufkommenden hektischen Klacken der Kameras der Fotografen am Eingang hören. Das alles fügte sich zu einer hohlen, irgendwie bemühten Atmosphäre, die auch der DJ mit seinen wuchtigen Clubsounds nicht aufzulockern vermochte. Alle schienen sich zu belauern. Wie in einem Wolfsrudel, dessen Leitwolf gerade dahingeschieden war und das nun einen neuen Anführer brauchte. Es gab nicht wenige Kandidaten, die die gebleechten Zähne fletschten und schon unruhig mit den Hufen scharrten. Max lotste mich sicher durch den Raum und fand eine Ecke, in der Handtaschen auf weißen Plastikkuben platziert waren. Max schnappte sich die Taschen, stellte sie zu anderen ins Regal, schon hatten wir eine prima Sitzgelegenheit für uns.

»Das kannst du doch nicht machen«, sagte ich zu Max. »Eine von diesen Taschen kostet so viel, wie wir im Monat verdienen.«

»Ich hab's doch schon gemacht«, funkelte Max mich an. »Ich hab die Stühle organisiert, du kümmerst dich um Getränke.«

»Irgendwelche Wünsche?«

»Nein, Hauptsache, es ist kein Wasser.«

Ich schaute mich um. Zwischen den aufgebauten Stehtischen, um die sich alle anderen Gäste bisher geschart hatten, flanierten umsichtige Kellner mit Tabletts, auf denen Gläser mit Wasser, Champagner und Orangensaft standen oder kleine Schweinereien zu essen. Dorthin musste ich. Als ich mit zwei Gläsern Champagner zurückkam, hatte Max es sich längst auf einem der Kuben bequem gemacht. Ich setzte mich, immer noch etwas unsicher, dazu.

»Na, so schlimm ist es doch gar nicht, oder?«, meinte Max, nachdem er sein Glas in Empfang genommen hatte. Wir stießen an. Von unseren Plätzen aus konnten wir das Treiben in der Boutique perfekt überblicken.

»Und … was passiert jetzt?«, wollte ich von Max wissen.

»Nichts. Wir sitzen hier gemütlich beieinander und trinken so viel Champagner, wie wir können.«

»Das war's?«

»Das war's.«

»Sollte nicht noch irgendetwas … Außergewöhnliches oder Aufregendes passieren?«

»Was Aufregendes? Du meinst, dass einer der aufgespritzten Damen eines ihrer Botoxkissen platzt? Oder dass einer von denen dir die Weltformel verrät? … Nein, die Botoxkissen halten mehr aus, als man denkt. Und Weltformeln werden nach meiner Erfahrung auf diesen Veranstaltungen erst nach dem zehnten Glas verraten. Und das dauert noch ein bisschen … Kannst jetzt verstehen, warum ich mich gefreut hab, dass du mitkommst?«

Wenn diese Veranstaltungen immer so abliefen, konnte ich Max nur zu gut verstehen, dass er hier nicht allein aufkreuzen wollte. In der folgenden Stunde gab Max mir eine kleine Einführung in das Who's who der Gäste. Neben unbedeutenden Schauspielern, alt gewordenen Arztgattinnen, blutjungen Rechtsanwaltsgeliebten gab es auch einen Verlagschef zu bestaunen, der an seinem Tisch versuchte, eine Pyramide aus leeren Champagnergläsern zu bauen, die er von oben zu füllen gedachte. Da er sich während des Turmbaus zu München bereits selbst ordentlich befüllt hatte, waren seine motorischen Fähigkeiten seinem Vorhaben nicht mehr gewachsen. Mehr als drei Etagen der Pyramide wollten ihm nicht gelingen. Immer wieder zeugte das Klingen und Kratzen von aufeinandergefallenen Gläsern von einem neuen Fehlversuch.

»Servus Max«, rief plötzlich eine Stimme hinter uns.

Max' Gesicht hellte sich auf. »Ja servus ... wie geht's denn so, Franz?«

»Passt scho«, antwortete ebendieser Franz. Er trug eine alte Lederjacke, ebensolche Jeans und ein Polohemd, dessen Farbe nicht zu der seiner Jacke passte. Franz hatte ganz offensichtlich darauf verzichtet, sich in Schale zu werfen. Dennoch bewegte er sich mit einer Selbstverständlichkeit und Ruhe, als ob er das Theater um ihn herum nicht nur in- und auswendig kannte, sondern fest dazugehörte. Franz war Fotograf.

»Schon fertig mit der Arbeit?«, wollte Max von ihm wissen.

»Das Foto von der Davorka ist bereits im Kasten«, nickte Franz bedächtig. »Mehr braucht's für heute eh nicht.«

»Was hatte sie denn an?«

»Hast du sie noch nicht gesehen? Natürlich nichts. Beziehungsweise nicht so viel, als dass man mit einem guten Blitzgerät nicht hindurchgekommen wäre.«

»Wer ist Davorka?«, wollte ich wissen.

Franz klärte mich auf. Davorka Tovilo war ein Münchner Starlet, das es geschafft hatte, durch seine freizügigen Outfits auf dem roten Teppich bekannt zu werden. Sie hatte vorher weder geschauspielert noch gesungen. Beziehungsweise, vielleicht hatte sie auch geschauspielert und gesungen. Nur war das niemandem so sehr im Gedächtnis geblieben wie ihr perfekt in Szene gesetzter großer Busen. Mit besonderem Eifer trug sie Outfits, die mehr zeigten als verbargen. Klar, dass ihr Bild auch diesmal bei den Zeitungen und Zeitschriften gefragt sein würde.

»Manchmal frage ich mich, ob das jetzt ein Kleid ist, das sie anhat, oder doch nur Body Painting«, fuhr Franz seine Erklärung fort. »Aber die Davorka, die ist eine Nette. Die weiß, wie das Geschäft funktioniert. Da kriegst du eigentlich immer ein gutes Bild. Viel schlimmer sind diese Wichtigtuer, denen du für ein Foto den ganzen Abend hinterherrennen musst.«

Franz und Max spekulierten darüber, was wohl wäre, wenn jene Wichtigtuer mal einen Monat nicht ihre Nase in einer Zeitschrift oder im TV sehen würden.

»Betteln würden sie! Auf den Knien. Nur damit jemand ein Foto von ihnen macht«, meinte Franz, dem diese Allmachtfantasie sichtlich gefiel. »Ich organisier uns noch mal 'ne Runde Champagner«, sagte er mit Blick auf unsere leeren Gläser. Anna war es in der Zwischenzeit gelungen, aus einem Hotel in der Nähe für ausreichend Gläsernachschub zu sorgen, sodass niemand mehr Gefahr lief, auf dem Trockenen zu sitzen.

»Willkommen im Club der Adabeis«, prostete Franz mir zu, nachdem er mit drei neuen Gläsern gekommen war. Max nickte zustimmend: »Willkommen im Club!«

»Was ist das denn nun eigentlich, ein Adabai?«, wollte ich endlich wissen.

Max grinste zu Franz: »Erklär du es ihm«, und nahm einen weiteren kräftigen Schluck aus seinem Glas.

»Also, in München finden fast jeden Tag Partys wie diese statt. Und die hohe Kunst ist es, Gäste auf diese Partys zu bringen, die interessant sind.«

»Oder einen großen Busen haben«, fiel Max ihm ins Wort. Sein Glas war schon wieder leer.

»Ja, das stimmt. Denn es gibt erstaunlich viele Menschen, die große Busen immer wieder interessant finden. Mehr, als man denkt. Doch zurück zum Thema: Für ein gutes Event brauchst du Gäste, die, wodurch auch immer, interessant sind. Sonst wird in der Zeitung von dem Event nicht berichtet. Und wenn von dem Event nicht berichtet wird, dann ist es so, als hätte es gar nicht stattgefunden. Da so ein Event aber Geld kostet, muss es stattfinden.«

»Sonst schmeißen sie als Erstes die Eventmanagerin raus. Und das kann ja nun wohl keiner wollen«, murmelte Max, der es geschafft hatte, einem Kellner ein ganzes Tablett mit Champagnergläsern abzunehmen, und sich nun ein Glas nach dem anderen gönnte.

»Interessante Gäste gibt es aber nicht so viele«, fuhr Franz fort. »Die wirklich wichtigen Promis haben auch gar nicht die Zeit, geschweige die Lust, ihre Abende auf Veranstaltungen wie dieser hier zu verplempern. Die müssen schließlich was arbeiten. Da eine Party aber vor allem voll sein muss, um gut zu sein, werden eben auch viele andere Leute eingeladen, für die sich kein Aas interessiert.«

»Aber wenigstens sieht dann das Event nach einem Event aus.«

»Genau. Und diese unwichtigen Menschen, das Eventfußvolk, Menschen wie du und ich, die sind dann bei so einer Party wie heute eben auch dabei. Verstehst? A dabei! Auch dabei.«

Ich hatte verstanden. Was seine Arbeit anging, darüber machte Franz sich keine Illusionen. Für ihn war Champagner-Saufen zur Fließbandarbeit geworden. Er traf die immer gleichen Leute auf den immer gleichen Events, führte die immer gleichen Gespräche und machte die immer gleichen Fotos. Die meisten dieser Veranstaltungen, sagte er, waren Pseudo-Events, die es nur gab, weil sie von der Klatsch- und Regenbogenpresse verkauft werden konnten. Ein Business, in dem alle Beteiligten wussten, was von ihnen verlangt wurde. Promis oder Adabeis liefern Kleider, über die man am Tag danach sprechen kann, oder die eine oder andere Neuigkeit zu einem anstehenden Film, ein geplantes Buch oder – Jackpot – eine neue Liebe. Die Fotografen wiederum liefern schöne Bilder, und die Reporter verpacken die Instant-Infohappen in Exklusivgeschichten. Und der spendable Gastgeber glänzt für einen kurzen Augenblick im Licht der von ihm organisierten Promigala. Es gab allerdings auch Abende, erzählte Franz, an dem bekamen Fotografen und Reporter sehr viel mehr zu sehen. Zum Beispiel, wenn der Alkohol, die Lust, oder beides, zwei Menschen zusammenführte, die eigentlich nicht zusammengehörten, weil sie bereits anderweitig liiert waren.

»Das kommt häufiger vor, als man denkt. Aber es wird nicht geschrieben. Und schon gar nicht fotografiert.«

»Wieso nicht?«

»Weil man sich schließlich bei der nächsten Party wiedersieht!«, grinste Franz. »Es ist gar nicht so, dass die Promis heutzutage unbedingt braver sind. Sie haben einfach bessere Anwälte. Und welcher Verlag hat schon noch Lust auf Anwaltskosten? Aber es gibt auch andere Möglichkeiten, solche Geschichten unter der Decke zu halten. Als Fotograf brauchst du für solche Events ja eine Akkreditierung vom Veranstalter. Bring einmal die falsche Story über die falsche Person, und du verlierst die Grundlage für deine Arbeit. Wenn die Person wichtig genug ist, wird sie beim nächsten Event beim Veranstalter dezent durchblicken lassen, dass sie ihr Erscheinen an die Bedingung knüpft, eine bestimmte Person nicht zu sehen. Und wer braucht schon einen Fotografen oder Reporter, wenn er auf der Stelle zehn andere haben kann? Schon bist du weg vom Fenster. Das tut dem Promi nicht weh, dem Veranstalter auch nicht. Das tut nur dir weh. Also machst du lieber, was von dir erwartet wird. Immer schön mit dem Strom schwimmen.«

Ich verstand Franz. Die Promiwelt folgte ihren eigenen Regeln. Und wer sich in dieser Welt straffrei bewegen wollte, befolgte diese besser, um nicht als Nestbeschmutzer dazustehen. »Komisch, dass diese Oberflächlichkeit bei den Lesern der Klatschpresse nicht ankommt. Die müssten doch mitkriegen, dass das immer nur dieselbe Soße ist, die für sie aufgewärmt wird«, warf ich ein.

»Das ist genetisch bedingt. Die Leute können nicht anders. Das Society-Business steckt jedem von uns in den Knochen. Ich hab mal von einem Experiment gelesen, das sie bei einem Rudel Affen gemacht haben. Da bekam jeder Affe eine Portion Kirschsaft zugeteilt. Im Laufe des Experimentes hat man dann festgestellt, dass die rangniederen Tiere im Rudel bereit waren, einen Teil ihres Kirschsaftes einzutauschen, wenn sie dafür Bilder der ranghöheren Affen im Rudel angucken durften. Es ist anscheinend ein Urbedürfnis, sich an der Elite einer Gemeinschaft zu orientieren. Das steckt in uns drin.«

»Da bekommt die Redewendung ›sich zum Affen machen‹ für mich eine ganz neue Bedeutung, gell?!«, tönte Max von seinem Platz aus. Es war ein Wunder, dass er bei der Menge, die er getrunken hatte, noch nicht vom Hocker gekippt war.

»Ja, aber diese Leute hier, die sind doch nicht die Elite unserer Gesellschaft!«, bemerkte ich entsetzt zu Franz.

»Ja, der Gedanke, der ist mir auch schon so manches Mal gekommen.« Wir schwiegen eine Weile, bis Franz sagte: »Die männlichen Affen haben ihren Kirschsaft bei dem Experiment übrigens auch dann hergegeben, wenn sie dafür Bilder von den Hintern ihrer Weibchen gezeigt bekamen.«

Franz und ich lachten. So laut, dass sich einige der anderen Gäste argwöhnisch zu uns umdrehten, um zu schauen, ob sie etwas verpasst hatten.

23. Kapitel: In welchem ein Stromausfall zwei Männer zusammenführt und jemand »Oachkatzlschwoaf« sagt

Francesca und ich saßen im Dunkeln. Es war 23 Uhr. Zu dieser Zeit hat es dunkel zu sein. Es sei denn, man wohnt im nördlichsten Zipfel Finnlands zur Zeit der Mitternachtssonne. Wir saßen jedoch zu Hause in unserer Wohnung in München, und eben hatte in dieser Wohnung noch Licht gebrannt und im Badezimmer ein Föhn gesurrt.

»Kannst du mal bitte den Strom wieder anmachen?«, rief Francesca aus dem Badezimmer. Ich schlurfte zum Sicherungskasten im Flur. Klack, klack, klack, fummelte ich an den Sicherungen herum. Nichts geschah.

»Geht nicht«, rief ich ins Bad.

»Ma come! Geht nicht?«

»Geht halt nicht. Muss die Hauptsicherung sein.«

»Ja, dann mach die doch wieder rein!«, meinte Francesca bereits leicht genervt. »Ich steh mit nassen Haaren im Bad.« Ja und? Ich bin hier nicht der Elektriker, moserte ich im Stillen.

»Ich hab keine Ahnung, wo die Hauptsicherung ist.«

»Dann geh halt zu unserem Hausmeister und frage ihn!«

»Zum Herrn Rieger? Ich bin doch nicht blöd. Es ist 23 Uhr, der pennt bestimmt schon!«

»Ich muss meine Haare föhnen!« Das war ein Befehl. Ich hatte trotzdem keine Lust, zu unserem Hausmeister zu gehen. Der alte Rieger benahm sich stets so, als würde eine kleine dunkle Wolke über seinem Haupt schweben und auf ihn hinabregnen. Immer wenn wir einander zufällig begegneten, grüßte ich und beschleunigte meine Schritte, als ob ich in Eile wäre.

Er gab meist nur undefinierbare Geräusche von sich. Ein Gruß? Ein Fluch? Reizhusten? Mir doch egal. Ich war mit dieser Form der männlichen Koexistenz glücklich. Keine überflüssigen Worte, keine überflüssigen Gefühle, kein überflüssiger Kontakt. So konnte es bleiben.

»Warte doch noch zwei Minuten, vielleicht geht der Strom ja wieder von allein an«, versuchte ich mich zu drücken.

»Strom repariert sich nicht von allein«, wusste Francesca Bescheid. Wieso war sie auf einmal so logisch? Sie war doch sonst nie so logisch.

»Ist doch auch von allein kaputtgegangen«, maulte ich.

»Jetzt geh schon endlich. Der Herr Rieger wird dir schon nichts tun.« Na klar. Mir blieb nichts anderes übrig. Ich musste runter. Zum Rieger Schorsch. Als ich vor seiner Tür stand, atmete ich dreimal tief durch und klingelte. Ich wartete und ging in Gedanken die Zeit durch, die jemand braucht, um von seinem Sofa aufzustehen und zur Tür zu kommen. Gerade als ich ein zweites Mal klingeln wollte, hörte ich Schritte im Flur und die polternde Stimme von Georg Rieger.

»Ja, Zefix, wos is do jetz scho wieder drumanand.« Die Tür wurde aufgerissen, und vor mir stand ein Berg von einem Mann, fast so, wie Gott ihn geschaffen hatte. Nur ein weißes Unterhemd und eine weiße Unterhose mit roten Punkten verhinderte das Schlimmste. Ich wusste nicht, wo ich hingucken sollte. Mein Gott, wie viele Haare der Mann an den Beinen hatte. War er etwa gerade dabei, sich in einen Werwolf zu verwandeln? Ich wusste doch, dass es keine gute Idee gewesen war, ihn zu stören.

»Ähm, bei uns in der Wohnung geht der Strom nicht«, stammelte ich. »Es muss wohl die Hauptsicherung sein. Ich hab oben schon alles kontrolliert.«

Georg Rieger sagte kein Wort und knallte die Tür wieder zu.

Ich konnte ihn gut verstehen. Es war spät. Und gemessen an seinem Gesichtsausdruck, trug er heute nicht nur eine Regenwolke mit sich herum, sondern ein ganzes Gewitter. Ich hatte keine Ahnung, was ich tun sollte.

Noch mal klingeln?

Als ich mich entschieden hatte, wieder nach oben zu gehen, um Francesca zu berichten, dass Hausmeister Schorsch nicht in der Stimmung für Stromprobleme war, hörte ich erneut Schritte in der Wohnung. Die Tür ging auf. Georg Rieger hatte sich einen blauen Bademantel übergeworfen, der genau wie Naddel Abd El Faragh schon bessere Zeiten erlebt hatte und jetzt etwas abgegriffen aussah.

»Gehn S' nauf und rufen S', wenn der Strom wieder geht«, bellte mich Georg Rieger an und machte sich auf den Weg in den Keller. Das ließ ich mir nicht zweimal sagen. Drei Minuten später konnte Francesca ihre Haare trocken föhnen. Sie summte dabei ein Lied. Ich dagegen dachte an große weite Unterhosen mit roten Punkten und daran, dass ich Georg Rieger noch Bescheid sagen musste, dass der Strom wieder geht. Ich machte mich auf den Weg nach unten.

Georg Rieger kam gerade aus dem Keller gestapft.

»Danke!«, sagte ich. »Funktioniert alles wieder einwandfrei. Entschuldigen Sie bitte noch mal die Störung.«

Ich erwartete ein typisches Brummen oder Knurren als Antwort. Doch es blieb aus. Stattdessen hörte ich Georg Rieger sagen: »Trinkan S' a Bier mit? I kann eh noch net schlafen. Wenn S' mögen, zeig ich Eana ein paar von meinen schönsten Jagdtrophäen.«

Es gibt immer wieder Momente in meinem Leben, in denen ich mir wünsche, kein so höflicher Mensch zu sein, sondern einfach auch einmal Nein zu sagen, wenn mir danach ist. Diesmal, das spürte ich, war es fast schon so weit. Doch dann obsiegte doch wieder das sittsame Prinzip, eine Einladung nicht einfach so abzuschlagen, um mein Gegenüber nicht vor den Kopf zu stoßen. Also machte ich einen kurzen Mach-dir-keine-Sorgen-Anruf bei Francesca und schickte mich an, Georg Rieger in seine Wohnung zu folgen.

»Aber nur ein Bier!«, sagte ich im bestimmten Ton.

»Ah, geh«, grummelte Georg Rieger zurück und wischte mit der Hand durch die Luft, als würde eine summende Fliege um seine Nase herumschwirren.

In der Wohnung von Georg Rieger roch es muffig. Er liebte es dunkel. An den Wänden klebte eine dunkelgrüne Tapete. Überall standen schwere Holzmöbel. Vor den Gardinen an den Fenstern hingen halbdurchsichtige Vorhänge. In dieser Wohnung musste es am Tag nicht viel heller sein als jetzt. Was mich irritierte, waren die vielen Bilder an den Wänden. Ich hätte einen Eberkopf oder das ein oder andere Hirschgeweih erwartet. Aber abgesehen von einem kleinen im Flur, welches als Schlüsselgarderobe fungierte – gab es die nicht. Stattdessen Bilder. Sie zeigten Rehe, Hirsche, Wildschweine oder einfach Naturszenen. Nebel, der zwischen den Bäumen oder über einer Lichtung hing.

»Schöne Bilder!«, sagte ich, als Georg Rieger mit zwei Flaschen Bier aus der Küche wiederkam.

»Da san ein paar gute Schüsse dabei, gell? Nehmen S' doch Platz, ich hol uns mein Album.«

Ich kam mir vor wie bei meiner Mutter, die auch nie eine Gelegenheit ausließ, fremden Menschen die Bilder aus unserem Fotoalbum aufzudrängen. Bevorzugt die Aufnahmen, welche mich als Kind nackt, in extrem schrillen Klamotten oder schreiend vor meinem Bruder davonlaufend zeigten, weil dieser eine Farbwasserbombe in der Hand hielt, mit der er meine Haare grün färben wollte. Gott sei Dank war das Album von

Georg Rieger frei von privaten Nacktaufnahmen. Stattdessen fanden sich darin wie im Wohnzimmer Tier- und Naturaufnahmen.

»Die hab i alle auf der Jagd g'macht!«

»Das heißt, Sie schießen erst ein Foto und dann das Tier ab?«, fragte ich neugierig.

»Ah gell, i jag die Viecha scho lang nur no mit der Kamera.«

Anschließend hielt er mir einen ziemlich langen Vortrag über Verschluss- und Belichtungszeiten. Zeigte mir seine Kameras und einige mächtige Teleobjektive. Besonders gefiel mir in seinem Album eine Serie mit zwei putzigen Eichhörnchen.

»Die Bilder mit den Eichhörnchen gefallen mir am besten.«

»Was? Des san koa Eichhörnchen. Des san Oachkatzl.« Georg Rieger schaute mich empört an.

»Aha? Sind das etwa mexikanische Eichhörnchen?«

»Rauchen Sie etwa auch das Zeug, was man bei der Pschierer immer im Hausflur riechen kann?«

»Nein, ich bin absoluter Nichtraucher. Ich schwöre! Nur klingt für mich das Wort…« Ich versuchte, das Wort »Oachkatzl« auszusprechen, ohne mir dabei die Zunge zu brechen, brachte aber nur ein Krächzen heraus. »Für mich klingt dieses Wort sehr mexikanisch.«

»Na, des geht fei ned. I lass Sie erst wieder gehen, bis Sie ›Oachkatzl‹ wie ein echter Bayer aussprechen können. Warten S', i hol uns an Schnaps. Damit krieg'n wir Ihre Zunge schon locker.«

Wieso um alles in der Welt hatte ich vorhin nicht die Kraft aufgebracht, Nein zu sagen? Und wieso hatte in dieser Stadt offensichtlich jeder immer eine Flasche Schnaps bei der Hand? Obwohl es nur zehn Minuten dauerte, bis mir das Wort »Oachkatzl« einigermaßen geschmeidig über die Lippen kam, sollte mein Martyrium erst beginnen. Zufrieden über den Erfolg seiner Bemühungen steigerte Georg Rieger nämlich den Schwierigkeitsgrad. Aus dem »Oachkatzl« wurde ein »Oachkatzlschwoaf«, wobei es sich anscheinend um den Schwanz des Oachkatzls handelte. Danach ging es weiter mit Wörtern wie »kerndlgfuadad«, »scheaßeln«, »Gschwerlf«. Jedes Mal, wenn ich mehr als fünf Versuche für einen Begriff brauchte, gab's einen Schnaps vom Herrn Oberlehrer.

»Des heißt Kirta.«

»Was heißt denn des?«

»Des heißt Kirchweih!«

»Wieso sagen S' dann net einfach Kirchweih?«

»Ah gell, ned vom Thema ablenken, Sie Schlaucherl. Also no amoi: Kirta. Ganz hell muss es klingen. Mit einem schön gegurrten R.«

Eine Stunde später schleppte ich mich nach oben. Francesca war bereits ins Bett gegangen. Ich war erschüttert über derlei Sorglosigkeit. Schließlich hätte mir beim Rieger Schorsch ja sonst was passieren können. Müde und angetrunken legte ich mich ebenfalls hin.

»Und? War's schön?«, hörte ich Francesca im Schlaf murmeln.

»Schön? Ich war gerade mehr als eine Stunde in den Fängen eines wahnsinnigen Sprachfetischisten. Ob ich das schön fand?«

»Du hast zu viel getrunken!«

»Ich wurde gezwungen.«

»Das behauptest du immer.«

»Hey, sag doch mal bitte ›Oachkatzlschwoaf‹!«

»Wie bitte?«

»Komm schon, sprich mir einfach nach: Oachkatzlschwoaf.«

»No, non voglio – das will ich nicht.«

»Wieso nicht?.«

»Das Wort klingt unanständig. Und ich sage keine unanständigen Sachen.«

»Es handelt sich dabei um den Schwanz eines Eichhörnchens. Der Rieger Schorsch hat ein paar tolle Fotos davon gemacht.«

Mit einem Mal war Francesca hellwach und richtete sich auf. »Ma come? Der Mann fotografiert die Geschlechtsteile von Eichhörnchen? Und dann zeigt er die Bilder auch noch her? Das ist ja pervers.«

»Nein! Um Himmels willen. Ich meinte, den Schwanz hinten, den Schweif!«, beeilte ich mich zu erklären. Erleichtert ließ sich Francesca fallen. So ganz zufrieden war sie dennoch nicht: »Non lo so – ich weiß nicht. Ich meine du hast heute wirklich den ganzen Abend bei einem fremden Mann gesessen und dir Bilder von Eichhörnchen angeschaut?«

»Ich kann halt einfach nicht Nein sagen!«, erklärte ich matt. So wie Francesca es formulierte, klang es in der Tat nach einer etwas bizarren Abendgestaltung. Dabei waren Georg Rieger und ich jetzt keine dicken Freunde geworden. Und wie es sich in den nächsten Tagen und Wochen erweisen sollte, war er auch nicht wirklich freundlicher geworden. Er blieb ein bärbeißiger grummelnder alter Mann, der seine Regenwolke mit sich herumschleppte. Ich wusste von da an nur, wogegen er auch immer seinen persönlichen Kampf führte, ich und die anderen Bewohner des Hauses waren es nicht. Und dennoch beschloss ich an jenem Abend, in Zukunft stärker zu sein. Und Nein zu sagen, wenn ich Nein meinte.

24. Kapitel: In welchem ein Berliner nicht Nein sagen kann, weil er erst gar nicht gefragt wird

Dass das Oktoberfest vor der Tür stand, merkte ich vor allem daran, dass in immer kürzer werdenden Abständen Freunde aus Berlin bei uns anriefen, um sich zu erkundigen, wie es uns denn so ginge. Und ob man sich nicht mal wiedersehen wolle. Demnächst. Sie würden auch gerne die weite Reise nach München auf sich nehmen, falls wir nicht vorhatten, in naher Zukunft mal wieder nach Berlin zu kommen. Zwei Wochen vor Beginn des Oktoberfestes riefen sogar Leute bei mir an, bei denen ich mich schwertat, mir zum genannten Namen ein Gesicht vorzustellen. Kein Wunder, ich hatte diese »Freunde« seit Jahren nicht mehr gesehen. Woher wussten die überhaupt, dass ich in München lebe?

»Na, auch schon ausgebucht?«, fragte mich Max in einer unserer Mittagspausen.

»Ausgebucht? Wieso?«, antwortete ich.

»Hat sich noch keiner bei dir fürs Oktoberfest eingeladen?«

Mir dämmerte, worauf Max hinauswollte. »Ahhh… Ich glaub, versucht haben es die werten Freunde schon. Aber bisher konnte ich noch jeden abwimmeln.«

»Klassisches Oktoberfest-Stalking! Bei mir geht's immer scho drei, vier Monate vorher los. Vor fünf Jahren mussten wir amoi 36 Leute bei uns unterbring'n. An einem Wochenende. Die san einfach alle vorbeigekommen, ohne vorher Bescheid zu sagen. Und die Familie koanst ja net rausschmeißa. Obwohl's mir bei dem einen oder anderen schon jucken däd.«

»Wie hast du 36 Leute in deinem Haus untergebracht?«

»Zelte im Garten«, zuckte Max mit den Schultern. »Und die

Kinder lagen zu siebt alle schön eng im Baumhaus zusammen. Da hatten's wenigstens warm.«

Dass das Oktoberfest ein Besuchermagnet war, wusste ich. Was ich jedoch nicht wusste, war, dass das Oktoberfest das gesamte Stadtleben für zwei Wochen komplett verändert und auch die meisten Münchner Haushalte ordentlich durcheinanderbringt. Wie eben jenen von Max. Dass es meinen Haushalt ebenfalls treffen würde, erfuhr ich drei Tage später.

»Sag amoi, hoast noch immer keine Gäste fürs Oktoberfest?«, fragte mich Max.

»Nee.«

»Und du hast doch scho auch a Gästezimmer in deiner Wohnung?«

»Jaaa. Es ist aber sehr klein.« Mir schwante Schreckliches. »Eigentlich ist es mehr ein Arbeitszimmer für Francesca, in dem zufällig auch eine Couch drinsteht.«

»Wie viel Leut passen denn da nei? Wenn man sie richtig sortiert?«

Ich war fassungslos: »Max, du kannst mir nicht einfach deine Gäste aufs Auge drücken.«

»Jetzt komm scho, stell die net so oa. Du hast niemanden da. Hotelzimmer gibt's seit oanem Jahr keine mehr, und des san alles nette Leit.«

»Wieso bringst du die nicht bei dir unter? Sind dir die Zelte ausgegangen, oder was?«

»Na, Platz hätt i scho ghabt, aber i hoab a Wette verloarn. Und wegen dera Wette muss i noch a paar mehr Leit beherbergen, und deswegen hob i jetzt koanen Platz mehr dahoam«, erklärte mir Max sein Unglück.

»Was war das denn für eine Wette?«

»Ein Trinkspiel. Des wuist net wissen«, versuchte Max meine Neugier abzuwehren.

Wollte ich doch. Und da Max auch etwas von mir wollte, konnte ich ihn zwingen, seine Geschichte preiszugegeben. Er und sein Freund Rainer hatten Fußballsaufen gespielt. Das Spiel geht so: Jeder Spieler bekommt einen Namen zugelost. Dann schaut man entspannt Fußball. Jedes Mal, wenn während der Übertragung der zugeloste Spieler vom Kommentator genannt wird, ist ein Kurzer fällig. Max hatte beim Losen Pech gehabt und den Torhüter erwischt, der an diesem Tag besonders viele Schüsse zu halten hatte. Er musste schon in der Halbzeitpause aufgeben.

»Der Rainer hat mich aufs Kreuz gelegt. Der hatte so einen Schnaps dabei, den ihm seine Putzfrau zu Weihnachten geschenkt hatte. Irgendwas Selbstgebranntes. Mit einer Schlange drin.« Ein Schnaps mit einer eingelegten Schlange? Mir lief ein leichtes Frösteln über den Rücken. Auch Max schüttelte sich bei dem Gedanken an sein Debakel nachträglich.

»Jedenfalls muss i jetzt sechs Freunde von ihm während der Wiesn unterbringen. Und hab deswegen koa Platz mehr für meine Verwandtschaft net.«

»Mann, ist das kindisch. Bist du nicht ein bisschen zu alt für Trinkspiele?«, fragte ich Max.

»Nicht, wenn ich sie gewinne«, beschied mir Max. Wir schwiegen eine Weile, bis ich Max endlich erlöste: »Wie viele Leute sind es denn?«

»Drei«, antwortete er. »Meine beiden Brüder und ein Freund von ihnen.«

»Und sie bleiben drei Tage?«

Der Blick von Max hellte sich auf. Er nickte. »So ham's des gsagt!«

»Ham's des so gsagt?«, hakte ich nach. »Oder bleiben sie drei Tage?« Mittlerweile wusste ich, bei welchen Formulierungen von Max ich besonders aufpassen musste.

»Okay, ich werd's ihnen einbläuen. Drei Tage. Von Freitagabend bis Sonntag. Versprochen. Du bist a Guada.« Mit diesen Worten stürzte er sich auf mich, schlang seine kräftigen Arme um mich, um mir vor Rührung die Rippen zu brechen.

»Ich hab noch nicht Ja gesagt. Ich muss erst mit Francesca sprechen«, beschwichtigte ich seine für meine Knochen extrem gefährliche Euphorie. Max ließ mich frei, lachte sein dröhnendes Lachen und sagte nur:

»Des wird a Gaudi, des sog i dir!«

Als ich nach Hause kam, empfing mich Francesca mit einem strahlenden Lächeln.

»Und, freust du dich auch schon auf unser freies Wochenende im Oktober? Wo fahren wir denn hin?«

»Freies Wochenende? Wieso?«

»Na, Max hat doch versprochen, den Oskar ein Wochenende zu sich, Anna und den Jungs zu nehmen, weil wir ihm bei seinen Freunden zum Oktoberfest helfen. Da können wir zwei endlich mal wieder allein irgendwohin fahren.«

Mit dem Umzug nach München hatte sich für uns ein Umstand ergeben, dem wir bei der Planung wenig Beachtung geschenkt hatten. Wir standen mit einem Mal ohne meine Eltern da, die am Wochenende eigentlich gern ihren großelterlichen Pflichten nachkamen und so für freie Stunden, wenn nicht sogar Tage für mich und Francesca sorgten. Die Zeit allein ohne Kind fehlte uns. Kein Wunder, dass Max Francesca mit der Aussicht auf ein kinderloses Wochenende sofort rumgekriegt hatte. Wann hatte er überhaupt angerufen? Arbeitete der Mann eigentlich auch mal was? Wie um alles in der Welt schaffte er es immer, alles so schnell organisiert zu kriegen? Und wieso wurde ich nicht einmal gefragt, was ich von der ganzen Sache hielt? Ich meine, ich hatte diesmal nicht einmal die Gelegenheit gehabt Nein zu sagen. Weil ich erst gar nicht wirklich gefragt worden war.

»Du, was ist eigentlich eine Gaudi?«, riss Francesca mich aus meinen Gedanken.

»Hat Max dir das gesagt?«

»Ja, er meinte, dass wir mit seinen Freunden sicher eine Riesen-Gaudi haben werden.«

Riesen-Gaudi? Mir hatte Max nur eine Gaudi versprochen. Offensichtlich hatte er bei Francesca gleich noch ein paar Scheite mehr ins Feuer gelegt als bei mir. Damit sein Plan nicht noch im letzten Moment erstickte. Offensichtlich mit Erfolg.

»Ähm, ich glaube bei einer Riesen-Gaudi handelt es sich um einen exorbitanten Spaß.«

»Ach, wie schön.«

Ich war mir nicht sicher, ob die Begriffe »schön« und »Oktoberfest« wirklich zusammengehören. Was, bitte, war an Blasmusik, Komasäufern, Maßkrugschlägereien, Menschengedränge und Wucherpreisen schön? Der Ruf, der dem größten Volksfest der Welt vorauseilt, ist ein derber. Jeder kennt die Bilder von Männern, die schlafend hinter einem Zelt in ihrem eigenen Erbrochenen sitzen oder die, weil sie es nicht mehr bis zur Toilette schaffen, es einfach mal an Ort und Stelle laufen lassen. Meine Vorstellung von »schön« war eine andere. Und ich beging den Fehler, sie zwei Tage später mit Max und ein paar Kollegen in der Redaktion zu diskutieren. Irgendwie waren wir auf das Thema Bierzelt gekommen, und Max hatte eine abschätzige Bemerkung meinerseits zum Anlass genommen, ein wenig über die Bedeutung des Bierzeltes fürs bayerische Gemüt zu fabulieren. Diese ist nämlich eine ungeheure.

»Des Bierzelt, des is net einfach a Zelt, des is a Halle zur Bildung der Gefühle! So wie der Kaiser von China eine hatte.«

Halle zur Bildung der Gefühle? Das hatte ich doch schon mal gehört? Genau. Frau Pschierer hatte davon erzählt, als sie uns ihre Fotos von der Verbotenen Stadt gezeigt hatte.

»Entschuldige mal, wenn ich es richtig in Erinnerung habe, dann war die Halle zur Bildung der Gefühle der Tempel in der Verbotenen Stadt, in den der Kaiser ging, wenn er allein sein wollte.«

»Wos für an armer Mo«, meinte Willy.

»Ja, wahrscheinlich is des auch der Grund, warum die Chinesen koanen Kaiser mehr haben«, meinte Max schulterzuckend.

»Ist das nicht ein bisschen weit hergeholt… mit dem Bierzelt… also, ich weiß nicht so recht… ich mein, du sitzt mit tausenden lärmenden Leuten in einem muffigen Zelt, um dich herum sind die meisten Menschen nicht mehr zurechnungsfähig, weil sie vollkommen betrunken sind, die ganze Zeit werden Humda-dumbda-Schlager gegrölt, und dann darfst du auch noch freiwillig für einen Liter Bier neun Euro zahlen! Also ich find das nicht besonders gefühlvoll.«

Max und die anderen schauten mich an, als hätten sie Elisabeth, die Königin von England, nackt gesehen. Es dauerte eine Weile, bis Max seine Fassung wiedergewonnen hatte.

»Bist deppert?«

»Wieso? Meiner Meinung nach ist das Oktoberfest nichts weiter als ein primitives Saufgelage. Opium fürs Volk. Ein ganz klarer Fall von Massenverdummung! Und entschuldige bitte, dass mir mein Verstand zu schade ist, um ihn in Bier zu ersäufen!«

»Also doch, er ist deppert!«, sagte Peter. Und im Gegensatz zu sonst waren alle Kollegen ausnahmsweise seiner Meinung. Max murmelte noch etwas wie »einmal Saupreiß immer Saupreiß« und dass bei mir Hopfen und Malz verloren seien. Den Rest des Tages wurde ich wie ein Aussätziger behandelt. Sollten sie ruhig. Ich war stolz darauf, kein mit der Masse blökendes Schaf zu sein, das »hurra« schreit, weil alle anderen es ebenfalls tun.

Es lässt sich nicht genau sagen, ob das Münchner Oktoberfest mehr Ehen in Stadt und Land gestiftet oder auseinandergebracht hat. Die Kollegen erklärten mir, dass es drei verschiedene Formen des Wiesnbesuchs gäbe, die allesamt ihre eigenen Tücken hätten und bestimmten Regeln folgten: Da wäre erstens der Wiesnbesuch mit der Firma, zweitens der Besuch mit der Familie und drittens noch der Wiesnbesuch mit gleichgeschlechtlichen Freunden, also Männlein und Weiblein getrennt. Der Besuch mit Freunden, hieß es, sei die größte Gaudi, der mit der Familie sei sehr entspannt, und der Betriebsausflug mit den Kollegen sei der gefährlichste von allen. Da waren sich alle einig.

»Die Schwierigkeit liegt darin, den oder die Chefs schneller betrunken zu kriegen, als man selbst wird. Wenn das nicht gelingt, kann es zwar immer noch ein lustiger Abend für einen werden, allerdings mit einem möglichen bösen Erwachen.«

»Vor allem dann, wenn man versucht hat, mit der Frau oder Freundin des Chefs anzubandeln.«

»Und das auch noch klappt.«

Ich schaute ungläubig.

»Alles schon passiert.« Die Runde nickte bedächtig.

»Bedeutet anbandeln bereits einen vollzogenen Geschlechtsakt oder nur den Versuch?«, fragte ich vorsichtig nach.

»Naaa… nur Knutschen. Ob da noch was vollzogen wurde… des weiß man net.«

»Und? Was ist mit dem Kollegen passiert.«

»Ja, erzähl doch mal, Willy. Was passiert eigentlich mit jemandem, der mit der Frau vom Chef anbandelt?«

Alle Augen richteten sich auf Willy. Der schnaufte und zuckte mit den Schultern: »Ja mei… befördert wirst für solche Aktionen eher nicht.« Alle lachten, und Willy fügte mit einem schelmischen Lächeln hinzu: »Ich bin jedenfalls froh, dass mir nach meiner Scheidung noch genug Geld geblieben ist, um mir hier in trauter Runde ein warmes Mittagessen zu leisten. Ein Hoch auf die Zugewinngemeinschaft.« Die Kollegen prosteten sich lachend mit Wasser und Apfelschorle zu und gaben noch ein paar Wiesnabenteuer zum Besten.

»Richtig schräg wird's, wenn du am nächsten Tag nicht nur in einem fremden Bett aufwachst, neben einer Frau, die über Nacht um mehr als zehn Jahre gealtert ist, sondern wenn du feststellen musst, dass dieses fremde Bett nicht in München steht, ja nicht einmal mehr in Deutschland. Sondern im schönen Salzburg. Und du keinen blassen Schimmer hast, wie du eigentlich dahin gekommen bist.«

»Mir ham amoi unsere Oma im Zelt verloren. Sie war zum Bieseln gegangen und hat ewig ogstanden. In der Zwischenzeit sin mir ganga. Bis mir noch oaner Stund gmerkt ham, dass wer fehlt. Wir zurück ins Zelt, an den Tisch, wo mir gesessen warn. War die Oma weg. A hoalbe Stunde lang ham wir sie gesucht. Die saß einfach ein paar Reihen weiter, als wie mir gesessen hatten, weil's den Tisch nimmer wiedergefunden hat. Und was hoats gemacht? Oan paar Australiern des Fluchen auf Bairisch beigebracht.«

»Als Kinder ham wir immer die Adressschilder von den Betrunkenen vertauscht.« Es gab wohl Menschen, die aufs Oktoberfest gingen und gut sichtbar an der Hose oder Jacke ihre Adresse angebracht hatten, damit sie nach dem Absturz auch ohne ihr Dazutun wieder heimgebracht werden konnten. »Schad, dass wir nie dabei gwesn sind, wie ein Taxler oanen von denen an der falschen Haustür abgegeben hat.«

In der Folge erhielt ich auch noch eine Menge weiterer Tipps, worauf ich beim Wiesnbesuch zu achten hätte: Zum Beispiel immer rechtzeitig und ruhigen Schrittes auf die Toilette zu gehen. Nie rennen. Gerade später am Abend kann der Holzboden im Zelt ein bisschen rutschig sein, schließlich lande das Bier auf dem Oktoberfest nicht immer im Bauch, sondern auch schon mal woanders. Wer wegen eines drohenden Katers auf Nummer sicher gehen möchte, fährt mit dem bewährten Bier-Wasser-System am besten. Dabei trinkt man auf eine Maß Bier erst einmal eine Maß Wasser, dann wieder Bier. Dann wieder... Das mache sogar Franz Beckenbauer so. Beim Besuch mit Freunden sollten Verheiratete oder in festen Beziehungen Lebende immer auf einen Alibi-Single in der Gruppe achten. Bei dem man zur Not geschlafen haben konnte, wenn einem ein Liebesunfall passierte. Das Alibi koste zwar ein bisserl was, aber immer noch weniger als eine Scheidung. Das alles hörte sich für mich nicht nach Volksfest, sondern nach Sodom und Gomorrha an. Und das in einem Bundesland, das sich gerne christsozial gab. Und in dem es sonst richtig Stunk gab, wenn nicht in jedem Klassenzimmer ein gekreuzigter Jesus an der Wand hing. Waren die Moralvorstellungen wirklich derart lax? Oder redeten die Kollegen einfach gern und viel? So wie sich Gorillas auf die Brust trommeln, um ihre Stärke zu beweisen. Wie hatte Frau Pschierer es damals so schön genannt? Aufmandln!

25. Kapitel: In welchem ein Berliner auf einer Bierbank schwitzt, anschliessend auf eine Guillotine gelegt wird und kurz darauf auch noch seinen Kopf verliert

München ist während des Oktoberfestes eine andere Stadt. Ich stand am Samstag, dem ersten Wiesntag, wie gewohnt auf, um mich zum Bäcker zu schleppen und Semmeln zu besorgen, während Francesca Kaffee kochte. Alles schien wie immer. Ich war müde. Meine Haare sahen aus, als hätte ich die Nacht über in einem Sturm gestanden, an den ich mich jedoch beim besten Willen nicht erinnern konnte. Doch schon beim Bäcker merkte ich, dass keineswegs alles wie immer war. Die Verkäuferinnen trugen Dirndl. Und waren noch besser gelaunt als sonst. Auf dem Heimweg begegneten mir bereits junge Frauen und Männer, die eiligen Schrittes und mit einem strahlenden Lächeln zur S-Bahn liefen. Auch sie trugen Tracht. Es war kurz vor acht Uhr. Wenn ich es richtig in Erinnerung hatte, machten die Bierzelte erst in einer Stunde auf. Bis zur Theresienwiese, dem Festplatz, brauchte man vielleicht zwanzig Minuten. Da schienen aber einige das Gelage nicht mehr erwarten zu können. Gegen Mittag konnte man auch schon die ersten Heimkehrer sichten, die sich ganz ohne Elan im Schritt und Euphorie im Gesicht erschöpft und schwankend nach Hause schleppten.

Der Krankenstand ist in München während des Oktoberfestes hoch. Doch so richtig stört sich daran niemand. Im Gegenteil, die vom Kater Gepeinigten erhalten von den Kollegen am Telefon viel Zuspruch und die Versicherung, dass es sicher bald besser werden würde. Und das wird es dann ja meist auch. Trotz der abenteuerlichen Hausmittel, die an den Lädierten gern ungefragt weitergegeben werden.

»Probier's mal mit Bratheringen. Und schön den Sud aus dem Glas mittrinken.«

»Einfach eine Aspirin einwerfen. Und wenn's wieder nauskommt, glei die nächste.«

»Da gibt's nur eins, was wirklich nützt: Gewürznelken kauen!«

Alles Dinge, von denen mir nur noch schlechter werden würde. Die Nachsicht mit den abgestürzten Kollegen lässt sich wohl vor allem damit erklären, dass so ziemlich jeder schon einmal selbst auf der Wiesn nicht rechtzeitig auf die Bremse getreten hatte. Mit den bekannten Folgen. Am Mittwoch der ersten Oktoberfestwoche war unser Firmenbesuch auf der Wiesn terminiert. Ich hatte mir fest vorgenommen, keinesfalls über die Stränge zu schlagen. Zumal ja am Wochenende auch die Freunde von Max bei uns eintreffen sollten. Das allein würde schon anstrengend genug sein.

Am Mittwoch war der Verlag wie verwandelt. Es wimmelte von Männern in Lederhosen und Frauen im Dirndl. Sogar die Chefetage hatte sich für den Ausflug auf die Wiesn in Schale geworfen, dabei allerdings auf Lodenjanker statt auf die Krachlederne gesetzt. Ich konnte weder bei dem einen noch dem anderen mithalten. Doch außer einem kurzen »Da kann man halt nix machen«-Blick von Peter musste ich mir weder dumme Sprüche noch Spott gefallen lassen. Im Gegenteil, niemand wollte sich die Vorfreude auf den Abend verderben lassen. Schon gar nicht von einem Saupreiß in Jeans.

Für uns waren Boxen im Augustinerzelt gemietet. Als wir gegen achtzehn Uhr ins Zelt kamen, war ich wie erschlagen. Am Zelteingang merkte man es noch nicht richtig. Doch mit jedem Meter weiter hinein wurde die Luft dicker und der Lärm zu einem Tosen, als würde man in einem Boot eine stürmische

See befahren. Hinzu kam die Musik der Blaskapelle, die in der Mitte des Zeltes auf einer Empore thronte. Während es in den Boxen am Rand beinahe ruhig und gesittet zuging, kochte die Stimmung in der Zeltmitte. Man konnte den Menschen, die auf den Tischen tanzten, sangen oder sich einfach nur miteinander unterhielten, einen Rausch ansehen, der nicht nur vom Alkohol kam. Überall gab es etwas zu gucken und zu entdecken. Das Zelt war ein einziges Wogen, überall Bewegung. Bedienungen brachten Nachschub an Bier oder Hendl, wie die Grillhähnchen in Bayern heißen. Verkäuferinnen mit einem großen Weidenkorb im Arm brachten Riesenbrezn an den Mann. Immer wieder durchkämmten Neuankömmlinge systematisch die Tischreihen, um einen freien Platz zu finden. Für andere war das Wiesnabenteuer bereits beendet. Oder es sollte nach einem kurzen Wasserlassen auf der Toilette noch ein bisschen weitergehen. Ich mochte meinen Blick von dem gigantischen Schauspiel nicht abwenden. Ein klassischer Fall von Reizüberflutung mit anschließender Paralyse.

»Keine Angst, da gehen mir schon auch noch hie.« Wiesnprofi Max packte mich am Arm und zog mich zu den Plätzen in unserer Box. »Ich weiß gar nicht, ob ich dahin will. Ich glaub, zuschauen reicht mir erst mal«, wehrte ich mich. Schließlich hatte ich einen Ruf zu verlieren, nämlich den, kein mit der Masse blökendes Schaf zu sein, und schließlich hatte ich ja auch einen Plan. Ein bisschen was essen, ein bisschen was trinken. Und wenn die ersten Kollegen gingen, würde auch ich die Gelegenheit ergreifen, mich auf den Weg nach Hause zu begeben. Schließlich mussten wir alle am nächsten Tag wieder arbeiten.

Drei Stunden später stand ich verschwitzt auf einer Bierbank und sang mit allem, was meine Lunge hergab: »Skiiiiifoaan …

Skiiiiifoaan Wohohoh … Skiiiifoan … weil Skifoan is des Lei-
wanste, was ma sich nur vorstön konn.« Ich hatte zwar noch
nie in meinem Leben auf Skiern gestanden und hörte mich
wahrscheinlich an wie ein Brüllaffe, der von einem Krokodil
in den Po gebissen worden war, aber ich fühlte mich gut. Frei.
Keine Ahnung, wieso. Es blieb mir ohnehin keine Zeit, darüber
nachzudenken, denn schließlich verlangte die Kapelle von uns
bereits: »Und dann die Hände zum Himmel, komm, lasst uns
fröhlich sein.« Das ließen sich die Leute im Zelt nicht zweimal sagen. Die Glückseligkeit taumelte von einem Lied zum
nächsten. Immer wieder explodierte die Menschenmasse, bis
das Prosit der Gemütlichkeit mit dem obligaten »Oans …
zwoa …. gsuffa« für eine kurze Pause zum Trinken sorgte. Wunderbar. Vielleicht hätte ich nur nicht anfangen sollen, die vierte
Maß zu trinken. Egal.

Nachdem wir eine halbe Stunde später aus dem Zelt an die
frische Luft kamen, war ich erschöpft, müde und ein bisschen
betrunken. »Los, gemma zum Schichtl, wir lassen den Wiechmann köpfen!«, hörte ich Max rufen. Ich wusste nicht recht,
was von dieser Idee zu halten war. Erstens kannte ich den
Schichtl nicht. Zweitens wusste ich daher auch nicht, was genau dieser Schichtl für eine Vorstellung zum Thema Köpfen
hatte. Sollte es jedoch dieselbe sein wie die, die ich hatte, dann
war ich ziemlich am Arsch. Drittens konnte es aber natürlich
auch sein, dass ich mich verhört hatte. Und dass Max gar nicht
»köpfen«, sondern etwas ganz anderes gesagt hatte, etwas wie …
komischerweise fiel mir kein Wort ein, dass auch nur annä-
hernd eine Ähnlichkeit mit dem Wort »köpfen« hatte. War das
möglich? Der deutsche Wortschatz im Duden umfasst schließlich weit über 100 000 Stichwörter. Da musste doch eins dabei
sein? Aber war es mir nicht schon oft so ergangen, dass Max
etwas gesagt hatte, von dem ich nicht glauben konnte, dass er

es gesagt hatte? Und er hatte es eben doch gesagt? Warum also ausgerechnet diesmal nicht? Und wieso wurde ich eigentlich immer betrunkener, obwohl ich doch gar nichts mehr trank?

»Ich weiß nicht, ob ich das möchte! Das mit dem Köpfen«, lallte ich sicherheitshalber. »A geh, des wird a Gaudi«, meinten die Kollegen und schleppten mich mit. Wie sich herausstellte, handelte es sich beim Schichtl um eine uralte Jahrmarktstradition auf der Wiesn. Da ich nicht mehr über die Kraft verfügte, mich gegen irgendetwas zu wehren, wurde ich ordnungsgemäß zur Köpfung angemeldet. Max versprach, ein Video davon zu machen, wie die Schichtl-Guillotine mir den Kopf vom Hals schneidet. »Schade, dass du dir des hinterher nicht mehr anschauen kannst!«, witzelte er. Dann ging alles ganz schnell. Jedenfalls für mich. Ich bekam einen Sack über den Kopf gestülpt und wurde auf die Guillotine gelegt. Das Raunen im Publikum wurde leiser. Ich merkte mit einem Mal, dass ich richtig einen sitzen hatte. Eigentlich war es ganz schön, hier zu liegen, dachte ich. Endlich schlafen. Die Müdigkeit packte mich. Ich spürte ein kräftiges Rucken und hörte das Geräusch des herabsausenden Fallbeils. Alles um mich herum war schwarz. Und das blieb es auch.

Als ich am nächsten Morgen aufwachte, wünschte ich mir, der Schichtl hätte mir meinen Kopf wirklich abgeschlagen. Dann hätte er nicht mehr so wehtun können. Ich schaute auf die Uhr. Ich hätte vor zwanzig Minuten im Büro sein müssen. Schnell sprang ich aus dem Bett. Keine gute Idee. Schließlich dreht sich die Erde mit einer Geschwindigkeit von 463 Metern in der Sekunde. Und ich hatte über Nacht die erstaunliche Fähigkeit erlangt, jeden einzelnen dieser Meter zu spüren. Ich kippte wieder aufs Bett zurück und wollte nur eines: viel Luft atmen. Zehn Minuten später hatte ich die Hoffnung, dass die erhöhte

Sauerstoffzufuhr meinen Kreislauf ankurbeln und die Erddrehung bremsen würde, aufgegeben. Ich musste im Büro anrufen und Bescheid sagen, dass ich nicht kommen konnte.

Max klang, als hätte er den gestrigen Abend nicht auf der Wiesn, sondern im Wellness-Hotel verbracht, und statt drei Maß Bier nur Kombucha bis zum Abwinken getrunken.

»Max, ich schaff's heute nicht ins Büro.«

»Schon klar, kein Thema. Hoast oan schlimmen Kater?«

»Mmmh.«

»Trink a rohes Ei. I mach des seit Jahren. Des hilft immer. Ein rohes Ei, hörst?«

Das mit dem rohen Ei hätte Max nicht sagen dürfen. Ich spürte, wie die Übelkeit meinen Magen und die Speiseröhre emporkletterte. Ich legte das Telefon schnell beiseite und übergab mich in den Eimer, der neben dem Bett stand. Wie kam der hierher? Den musste wohl Francesca vorsorglich hingestellt haben. Wie war ich gestern eigentlich nach Hause gekommen? Ich konnte mich an nichts mehr erinnern. Am Telefon wurde Max unfreiwillig Zeuge meines kritischen Zustandes.

»Sog amoi, hast du etwa grad gespeibt? ... Des is ja widerlich. ... Hat's dich so schlimm erwischt?«

»Max, tut mir echt leid, ich meld mich später wieder bei dir!« Ein Glück, dass er das Elend nur hören, nicht jedoch riechen konnte.

»Ja mei ... des wird scho wieder ... bis morgen«, sagte Max. Noch während er den Hörer auflegte, brüllte er zu den anderen Kollegen im Büro: »Den Wiechmann hat's total zerrissen.« Danke, Max.

Gott sei Dank folgte dem Donnerstag, den ich beinahe komplett in die Matratze gedrückt hatte, nur ein kurzer Freitag im Büro, begleitet vom wissenden Lächeln vieler Kollegen. Wie ich erfuhr, war ich nicht der einzige Ausfall gewesen, den der Wiesnbesuch gekostet hatte. Willy und Peter hatten es ebenfalls nicht geschafft.

»Die beiden sind noch ins Teufelsrad«, verriet mir Max. Teufelsrad? Auch dabei handelte es sich um eine uralte Wiesntradition. Das Teufelsrad war eine leicht angeschrägte Drehscheibe, auf der man gegen die Fliehkräfte ankämpfen musste. Und wenn man wollte, auch noch im Spaß-Boxkampf gegen einen selbst gewählten Gegner. So wie Peter und Willy.

»Wie isses denn ausgegangen?«

»Abbruch des Kampfes durch technischen K.O. Bevor auch nur einer den andren hat treffa können, sans von der Scheibn geflogen«, zuckte Max mit den Schultern. Er hatte sich von dem Kampf offenbar mehr erhofft. »Wennsd nach dem Schichtl net schlappgemacht hättest, hättest dem Peter g'scheid ein paar neilangen können«, bemerkte Max. Anscheinend war ihm die gegenseitige Abneigung, die wir pflegten, nicht verborgen geblieben. Ich hatte jedoch ein ganz anderes Problem.

»Wie bin ich eigentlich nach Hause gekommen?«

Max grinste und kramte sein Handy aus der Tasche. Er hatte das Elend von Anfang bis Ende dokumentiert. Die Bilder waren schrecklich. Besonders das, auf dem ich einen Polizisten küsste. Ich verfluchte den Erfinder der Handykamera. Wusste der eigentlich, wie viel Unglück er damit über die Welt gebracht hat?

»Wärst du so freundlich, die Bilder zu löschen? Ich fände es sehr unangenehm, wenn die in falsche Hände geraten. Ich würde ungern als Witz im Internet enden!« Dass ich bereits seine Hände zu den falschen rechnete, sagte ich nicht.

»Wos krieg i denn dafür?«

»Was willste denn? Ich hab an diesem Wochenende schon deine Oktoberfest-Gäste an der Backe.«

Das schien Max zu überzeugen. »Lösch die Bilder doch selber!«, forderte Max mich auf. »Und an deiner Stelle würde ich heute einen Blumenstrauß mit nach Hause bringen. Einen großen.« Danke, Max.

26. Kapitel: In welchem sich Völker sehr intensiv miteinander verständigen und am Ende jemand ganz dringend Schnaps braucht

Am Freitagabend harrten Francesca, Oskar und ich neugierig unseres Besuches. Kurz nach achtzehn Uhr klingelte es endlich an der Tür. Als ich öffnete, blickte ich jedoch nicht in die Gesichter von Michael, Joseph und Anton, sondern in die von Stefano, Matteo, Letizia und Elisa, Francescas Freunde aus Kindertagen. Die fünf waren gemeinsam in den Kindergarten, in die Schule und mit Ausnahme von Matteo auch auf die Uni gegangen.

»Was macht ihr denn hier?«, entfuhr es mir. Vollkommen vergessend, dass die vier noch weniger Deutsch sprachen als ich Italienisch.

»Sorpresa!«, verkündete Letizia. Ja, schöner hätte ich es auch nicht formulieren können. Das war in der Tat eine Überraschung. Bevor ich einen weiteren Satz rausbringen konnte, war Francesca auch schon an mir vorbeigestürmt, und die übliche Begrüßungsorgie begann, bei der sich alle um den Hals fielen, küssten und sich gegenseitig versicherten, wie gut sie aussehen würden und wie sehr man sich freue, sich wiederzusehen. Natürlich mussten die vier erst mal auf einen Kaffee hereinkommen. Es gab ja so viel zu erzählen.

Da ich nicht so viel zu erzählen hatte, wurde ich zum Kaffeekochen in die Küche abkommandiert. Aus den Gesprächsfetzen, die ich mitbekam, waren die vier wie tausende andere Italiener an jenem Freitag mit einem Wohnmobil Richtung Monaco di Baviera aufgebrochen per la festa della birra, für das Bierfest, das anscheinend auch jenseits der Alpen eine große Strahlkraft besitzt. Hatten die Kollegen nicht vor einigen Tagen im Zusammenhang mit der Wiesn vom Italiener-Wochenende gesprochen?

Es klingelte wieder an der Tür.

»Servus, i bin der Steiner Toni«, verkündete der erste der drei Männer, die jetzt draußen standen. Er trug eine dunkelbraune knielange Lederhose und ein rot-weiß kariertes Hemd von Polo Ralph Lauren dazu. Seine langen Haare hatte er mit einer Sonnenbrille fixiert. Er sah aus, als käme er gerade vom Surfen auf Hawaii. Ziemlich viele Muskeln, ziemlich viele blonde Strähnchen im Haar. Wurden die hier eigentlich alle so breit geboren? Oder lag das am Schweinsbraten? Die Hand, die mir der Steiner Toni entgegenstreckte, war so groß wie eine Tischtenniskelle. Der Schmerz, den ich beim Drücken erfuhr, war größer. Ich biss die Zähne zusammen.

»Und mir san die Brunners! I bin der Michi, servus!«, folgte der Nächste. Michael Brunner war der älteste der drei Brüder. Die Ähnlichkeit mit Max war unverkennbar. Auch sein Händedruck nötigte mir Respekt ab. Das Outfit von Michael Brunner war nicht ganz so flippig wie das vom Steiner Toni. Statt Designerhemd trug er ein klassisches weißes Trachtenhemd zur kurzen Lederhose, Haferlschuhe sowie die sogenannten Loferl, die zweigeteilten Strümpfe, von denen ein Teil in den Schuhen steckte, der andere über die Waden gezogen war. Sein Bruder war genauso angezogen wie er.

»Der Seppi, griaß di! Der Max hat uns scho vui von dir erzählt!« Zum dritten Mal wurde meine Hand auf Glasknochen getestet. Noch so ein Schraubzwingendruck, und ich würde lernen müssen, am Rechner einhändig Texte in die Tastatur zu tippen. Die drei reisten mit leichtem Gepäck. Jeder hatte nur einen Rucksack dabei. Als Anton, Michael und Josef die Italiener im Wohnzimmer entdeckten, gab es vonseiten der Bayern ein Riesenhallo, das die Italiener erst einmal tüchtig verschreckte. Dass ich das noch einmal erleben durfte!

Francesca machte alle miteinander bekannt und bot auch den Neuankömmlingen Kaffee an. Ich verzog mich wieder in die Küche. Surfer Toni folgte mir, nestelte eine Magnumflasche Champagner aus dem Rucksack und übergab sie mir, begleitet von einem breiten Grinsen, das den Blick auf seine blendend weißen Zähne freigab.

»Super, dass des geklappt hat, dass mir bei euch übernachten könna!« Als er sah, wie ich den Kaffee aus unserer Zwei-Personen-Mokkamaschine in zwei normale Espressotassen kippte, meinte er nur: »Hoast auch a paar gscheite Tassen?« Als ich zehn Minuten später Anton, Michael und Josef ihren fünffachen Espresso in gscheiten Tassen servierte, hatte Francesca bereits den Belegungsplan fürs Wochenende kurzerhand geändert. Zwar meinten Stefano, Matteo, Elisa und Letizia unisono, dass sie in ihrem Wohnmobil schlafen wollten, um uns – und dann auch noch unangemeldet – keine Umstände zu machen, doch Francesca hatte natürlich darauf bestanden, dass sie bei uns in der Wohnung übernachteten. Die vier hatten sich so lange geziert, wie nötig war, damit es als höflich durchging, und waren dann bereitwillig auf Francescas Vorschlag eingegangen. Für die drei Bayern waren die Schlafcouch und ein Luftbett im Gästezimmer vorgesehen. Die Italiener konnten nach Francescas Meinung jeweils zu zweit im Wohnzimmer und in Oskars Zimmer schlafen. Oskar wiederum würde zu uns ins Bett kommen.

»I hätt gar net gedacht, dass du's glei so krachen lässt. Dabei hat Max gesagt, des wär dei erste Wiesn.« Der Steiner Toni schlug mir mit seiner Riesenpranke anerkennend auf die Schulter.

»Ja, ich weiß auch nicht, das passiert mir in letzter Zeit öfter«, sagte ich mit einem gequälten Lächeln und versuchte meine Schulter wieder einzukugeln. Bisher kannte ich dieses Gefühl nur aus dem Büro. Aber jetzt hatte das gemütliche Chaos offensichtlich auch Besitz von meinem Zuhause ergriffen.

Die Italiener machten sich gleich daran, ihr Wohnmobil auszuladen. Im Gegensatz zu unseren anderen Gästen sah es bei ihnen so aus, als wollten sie einen ganzen Monat von zu Hause wegbleiben. Die kräftigen Bayern halfen gern beim Koffertragen. Steiner Toni krempelte extra die Ärmel seines Hemdes hoch, damit Letizia, deren Koffer er zu uns ins vierte Stockwerk schleppte, gute Sicht auf seinen schön definierten Trizeps hatte. Ich hasste ihn schon jetzt.

Nachdem das Wohnmobil leer geräumt war, machten sich Francesca und die anderen daran, Tische und Stühle aus dem Weg zu räumen, Betten zu bauen und zu beziehen. Wenig später hatte sich unsere Wohnung in eines der Matratzenlager verwandelt, wie ich sie von den Berghütten von der Wandertour mit Max kannte. Francesca schickte mich zum Einkaufen, um unsere Vorräte der Zahl unserer Gäste anzupassen.

Als ich wiederkam und gerade dabei war, das Auto auszuladen, hörte ich hinter mir eine wohlbekannte Stimme.

»Soll i mit zupackn?« Max war vorbeigekommen, um kurz nach dem Rechten zu sehen und seine Brüder zu begrüßen. Ich nickte in Richtung einer Kiste, die mit Wurst, Käse, Milch und Bier gefüllt war. Oben angekommen, erlebten wir ein wildes Durcheinander. Die Brunner-Brüder spielten mit Oskar an unserem Esstisch im Wohnzimmer Würfeln. Offensichtlich um Geld. »Du schuldest uns schon 2,40 Euro«, erklärte Michael dem verdutzten Oskar gerade. Steiner Toni und Letizia hatten sich aufs Sofa zurückgezogen und betrieben mit einem Kauderwelsch aus Englisch, Italienisch und Bayerisch Völkerverständigung. Wenn sie nicht mehr weiterwussten, zeigte Steiner Toni kurz seine schönen weißen Zähne, und die beiden nahmen einen neuen Anlauf, die vorhandenen Sprachhürden zu überwinden. In der Küche hörte ich vier Personen gleichzeitig reden. Dort mussten die restlichen Italiener stecken.

Das Durcheinanderreden ist etwas, wofür ich Italiener sehr bewundere. Denn sie können dabei nicht nur alle auf einmal etwas sagen, sondern auch alles genau verstehen und dem folgen, was die anderen in der Runde von sich geben. Verrückt.

»Na, du gehst heuer aber richtig in die Vollen«, lachte Max. Als die Brunner-Brüder ihres Jüngsten gewahr wurden, stürzten sie sich auf ihn.

»Servus, oide Wurschthaut, greislige«, begrüßte Michael Max. Hatte Michael seinen Bruder Max gerade als alte Wurstpelle tituliert? Bayerische Herzlichkeit folgte anscheinend genau wie die bayerische Logik ihren eigenen Gesetzen. Nachdem die Brüder sich davon überzeugt hatten, dass alle wohlauf waren, wünschte Max mir viel Spaß und ließ mich in dem Chaos allein zurück.

Obwohl wir erst nach Mitternacht ins Bett gegangen waren, lagen Francesca und ich noch wach und konnten nicht einschlafen. Es war eng im Bett mit Oskar in der Mitte. Er hatte beim Würfeln sein ganzes Taschengeld verzockt, jedoch einen großzügigen Schuldenerlass bekommen. Ich war mir nicht sicher, ob die beiden Brunner-Brüder ehrlich gewonnen hatten oder sich tatsächlich nicht zu schade gewesen waren, einen Vierjährigen zu prellen. Zuzutrauen war es ihnen

Die Blicke, die der Steiner Toni und Letizia zu später Stunde ausgetauscht hatten, ließen vermuten, dass die beiden sehr an einer weiteren Änderung des Belegungsplans in unserer Wohnung interessiert waren. Doch da war nichts zu machen. Schließlich besaßen wir kein Hotel. Ganz im Gegensatz zu unserem Gast. Wenn ich es richtig mitbekommen hatte, gehörte dem Steiner Toni ein Wellness-Hotel. Er hatte vor fünf Jahren den alten Landgasthof seiner Eltern umgebaut und um einen modernen durchdesignten Trakt mit Schwimmbad und allerhand Pflegekabinen für Massage und Beautybehandlungen erweitert. Ich war mir sicher, dass der Steiner Toni dort genügend Frauen zum Durchkneten fand. Da musste er nicht auch jetzt noch zugreifen.

Durch die Anwesenheit von Stefano, Matteo, Elisa und Letizia hatten sich unsere Pläne fürs Wochenende ebenfalls geändert. Auf keinen Fall wollte sich Francesca den gemeinsamen Wiesnbesuch mit ihnen entgehen lassen.

»Und was machen wir mit Oskar?«, flüsterte ich zu Francesca.

»Der geht tanzen mit Frau Pschierer.«

»Weiß er davon?« Ich schaute auf das leise schnaufende Knäul neben mir.

»Ja, er ist ganz heiß drauf«, meinte Francesca.

»Wie hast du das denn hingekriegt?«

»Youtube.«

»Youtube?«

»Si, certo! Ja, sicher! Seit er mit den Kindern von Max zusammen war, ist er doch ganz scharf aufs Fußballspielen. Und da habe ich ihm ein paar Videos von diesem Messi gezeigt. Du hattest mir doch mal gesagt, das sei wie tanzen, wenn der Fußball spielt!« Ich erinnerte mich daran. Champions-League-Abend Barcelona gegen Kiew. Es war mal wieder eine Demonstration des kleinen Argentiniers gewesen. Ich dachte jedoch immer, dass alles, was ich Francesca über Fußball erzählte, von ihr gleich wieder vergessen wurde. Sie hasste Fußball.

»Tja und genau das habe ich auch zu Oskar gesagt. Wenn er gut Fußball spielen will, muss er wissen, was er mit seinen Füßen macht, und das lernt man am besten beim Tanzen.«

»Du hast ihn beschissen! Genau wie die Brunner-Brüder vorhin beim Würfeln!«

»Ma dai, du bist immer so streng… Übrigens, du musst dem Michi und dem Seppi morgen eine Maß Bier auf dem Oktoberfest spendieren!«

»Wieso das denn?!«

»Ach, ich hab das mit dem Würfeln auch kurz ausprobiert, als du einkaufen warst.«

Am nächsten Morgen herrschte beim Frühstück im Lager der Italiener Panik. Im Radio war gerade verkündet worden, dass bereits alle Bierzelte auf dem Oktoberfest wegen Überfüllung geschlossen seien. Um zehn Uhr morgens. Mamma mia, sollte man etwa die weite Reise umsonst gemacht haben? Doch der Steiner Toni beruhigte die Lage.

»I bring euch scho nei! Niente problemo!«

Wie wollte er das anstellen? Die Zelte waren doch zu. Wir würden sicherlich stundenlang warten müssen. Was für ein Reinfall!

Auf dem Oktoberfest angekommen, verabschiedeten sich Michi und Anton, um zu Max zu stoßen. Der hatte für seine Unmenge an Gästen Plätze draußen in einem der Biergärten vor den Zelten organisiert. Sollten wir wider Erwarten nicht in eines der Zelte reinkommen, könnten wir wieder zu ihnen stoßen. Francescas Spielschulden überließen sie großzügig dem Steiner Toni.

Die Theresienwiese glich einem Ameisenhaufen. Nur, dass ich mir nicht sicher war, ob die Leute, die hier in alle Richtungen liefen, wie die Sechsbeiner einen Plan hatten. Wir kämpften uns zur Wirtsbudenstraße durch. Vor den geschlossenen Haupteingängen standen hunderte Menschen. Es war unmöglich, auch nur in die Nähe der Türen zu gelangen. Immer wieder schob das Sicherheitspersonal die Leute zurück, damit niemand am Eingang zerquetscht wurde. Doch der Steiner Toni hatte gar nicht die Absicht, dorthin zu gelangen. Er hatte sich bei Letizia untergehakt und zog sie in die Seitenstraße zwischen Hacker-Festzelt und Hofbräu-Festhalle. Er bedeutete uns, zu folgen, und lotste uns zu einem der Notausgänge. Auch dort hatte sich eine, wenn auch deutlich kleinere Menschentraube versammelt. Da die Haupteingänge nicht mehr geöffnet wurden, mussten die Leute im Zelt durch die Nebenausgänge herausgehen. Dass Leute das Zelt verließen, bedeutete jedoch noch lange nicht, dass auch wieder welche hineindurften, wie man an den verzweifelten Gesichtern der Wartenden sehen konnte. Doch auch davon ließ sich der Steiner Toni nicht beirren. Er ging auf die Tür zu, als würde das Zelt ihm gehören, und klopfte energisch an die Tür. Der Wachmann drinnen öffnete, Steiner Toni sprach kurz mit ihm und zeigte auf uns sechs. Der Wachmann nickte. Dann zog Toni eine Visitenkarte aus der Tasche seiner Lederhose, schrieb etwas darauf und gab sie dem Wachmann. Toni winkte uns heran. Schmollende Blicke und ein leichtes Murren begleiteten uns auf dem Weg zur Tür. Dann waren wir drin.

Eine Viertelstunde später hatten wir sogar einen Tisch in dem überfüllten Zelt gefunden und ich den ersten Teil der Spielschulden von Francesca beim Steiner Toni beglichen.

»Was hast du eigentlich dem Wachmann an der Tür gesagt?«, fragte ich neugierig.

»Ich hab ihn nur gefragt, ob er eine Freundin hat oder verheiratet ist«, meinte der Schönling schelmisch.

»Und?«

»Ja, er hat a Freundin.«

»Aber wieso hat er uns dann reingelassen?«

»Weil er für sei Freundin ein sehr exklusives Wellness-Wochenende bei mir im Hotel gebucht hat. Alle Behandlungen inklusive.« So wie der Steiner-Toni es formulierte, klang es fast so, als hätte der Wachmann sich selbst geschmiert.

Drei Stunden später hatten die Ereignisse in der bayerischen Halle zur Bildung der Gefühle die Richtung genommen, die sie immer zu nehmen scheinen. Der Steiner Toni knutschte wild mit Letizia. Stefano und Matteo, die eine Stunde gebraucht hatten, um zu glauben, dass alles, was sie sahen, echt und kein Traum war, hatten am Nebentisch Beute gemacht. Wenn die weißen T-Shirts mit den großen roten Ahornblättern darauf etwas mit der Herkunft ihrer Trägerinnen zu tun hatten, musste es sich um zwei Kanadierinnen handeln. Zwillinge. Oder aber Stefano und Matteo redeten mit ein und derselben Frau, und ich hatte nur schon wieder zu viel getrunken. Auszuschließen war das nicht. Francesca und Elisa ließen sich derweil von zwei Bayern am Nebentisch in die Kunst des Nachahmens von Vogelgesängen einweihen. Während die Bayern ihren Händen vorm Mund allerlei Triller und Pfiffe entlockten, klangen die Geräusche, die Francesca und Elisa machten, nach Furz. Alle hatten einen Mordsspaß.

»Max, wir haben den Steiner Toni verloren!«, rief ich zwei Stunden später in mein Handy.

»Wie verloren?«, schrie Max zurück. An den wohlbekannten Geräuschen im Hintergrund erkannte ich, dass Max ganz in der Nähe sein musste. Irgendwo auf der Wiesn.

»Er ist halt nicht mehr da«, brüllte ich zurück. »Ich glaub, er ist mit einer Freundin von Francesca weg.«

»Wie alt?«

»Was?«

»Wie alt ist die Freundin? Über achtzehn oder unter achtzehn?«

»Über achtzehn natürlich.«

»Ja mei, was regst di denn so auf? Möge der Wille des Herrn geschehen. Dir hat's doch auch net geschadet, mit einer Italienerin anzubandeln.«

»Ja, aber das ist doch was ganz anderes. Ich glaube nicht, dass der Steiner Toni ernste Absichten hat.«

»Du … über die ernsten Absichten … da reden mer ein andernmal drüber. Des passt scho mit'm Toni. Der findet immer heim.« Er legte auf.

Als wir gegen siebzehn Uhr aus dem Zelt gingen, waren wir noch alle zusammen gewesen. Dessen war ich mir sicher. Wir waren sogar zwei Personen mehr. Die kanadischen Zwillinge. Im Gewühl der Wirtsbudenstraße mussten wir dann jedoch Letizia und Anton verloren haben. Oder sie uns. Absichtlich? Sie zu suchen war zwecklos. Elisa hatte versucht, Letizia ein paarmal anzurufen, doch sie ging nicht ans Telefon. Während Stefano und Matteo, angeregt durch die Erzählungen der Brunners am Vorabend, mit den Zwillingen die Klassiker unter den Fahrgeschäften unsicher machen wollten, zog es Elisa, Francesca und mich heim. Es galt ja auch, den tanzenden Oskar zu erlösen.

Oskar hatte uns nicht wirklich vermisst. Eigentlich hätten wir uns darüber freuen sollen, doch Francesca hielt wie immer mit ihrer Eifersucht nicht hinterm Berg. Erst als Oskar mit Händen und Füßen und voller Stolz vorführte, wie eine Blume wächst, eine Fahne im Wind weht und wie ein Schneemann schmilzt, war sie wieder versöhnt. Ich hatte mir unter Kindertanz etwas ganz anderes vorgestellt. Der Ansatz von Frau Pschierer gefiel mir. Gegen zwanzig Uhr trudelten die Brunners wieder ein, krebsrot im Gesicht von der kräftigen Herbstsonne, und boten mir an, um Haus und Hof zu würfeln. Da ich weder über das eine noch das andere verfügte, ließen sie von mir ab. Ob sie vielleicht etwas vom Steiner Toni gehört hätten? »A geh, der kimmt scho wieder.« Hoffentlich fanden wenigstens

Carlo und Matteo wieder heim, dachte ich, als ich zwei Stunden später erschöpft einschlief.

Am nächsten Morgen war ich früh wach. In unserer Wohnung herrschte die himmlische Ruhe eines Sonntagmorgens. Ich lag eine Weile einfach nur da und genoss die Stille. Oskar hatte offensichtlich in der Nacht versucht, mit mir zu verwachsen. Seine Arme und Beine waren regelrecht in mich geknotet. Vorsichtig, um ihn nicht zu wecken, löste ich mich von ihm und ging ins Badezimmer. Ich hatte die Tür schon halb offen, als mir von drinnen eine Frauenstimme entgegenrief:

»Stop… ohhh sorry, I left the door open! One moment please!«

Ich schloss die Tür, so schnell ich konnte. Was für ein Schreck. Wer redete da mit mir? Das war weder die Stimme von Elisa noch die von Letizia. Den versprochenen Augenblick später huschte eine der beiden kanadischen Zwillingsschwestern nur mit T-Shirt und Unterhöschen bekleidet und mit einem schüchternen Lächeln auf den Lippen an mir vorbei und verschwand im Kinderzimmer, in dem Stefano und Matteo schliefen. Ganz offensichtlich hatten die beiden gestern Abend wieder hergefunden. Und nicht nur sie.

Nachdem ich mich gewaschen und angezogen hatte, ging ich in die Küche und begann einen Eimer Kaffee zu kochen. Nach und nach wurden auch die anderen wach, und die Wohnung war wieder von Lärm, Lachen und Gewusel erfüllt. Der körperliche Zustand unserer Gäste reichte von regnerisch über leicht bewölkt bis heiter. Abhängig davon gaben alle ihr Bestes. Matteo und Diane, einer der beiden Zwillinge, übernahmen den Weg zum Bäcker, Michi und Seppi räumten alles, was sie im Kühlschrank finden konnten, auf den Esstisch im Wohnzimmer, der von Francesca und Elisa gedeckt wurde. Stefano und der zweite Zwilling schliefen noch. Oder so. Als Matteo und Diane vom Bäcker wiederkamen, hatten sie nicht nur Semmeln, Kuchen und Brot mitgebracht, sondern auch den Steiner Toni und Letizia, die im Wohnmobil übernachtet hatten. Die deftigen Bemerkungen der Brunner-Brüder lächelte der Steiner Toni einfach weg, während bei den Italienern, die Letizia gleich in ihre Mitte nahmen, ein detailreiches Tuscheln einsetzte. Sodom und Gomorrha, so hatte ich übers Oktoberfest gedacht. Das war's auch geblieben, irgendwie. Ich dachte mittlerweile jedoch auch etwas anders darüber.

Mehr Leben geht nicht.

Ich erinnerte mich an die Magnumflasche Champagner, die der Steiner Toni mitgebracht hatte. Es würde keinen besseren Moment als diesen geben, sie zu trinken. Gemessen an dem freudigen Stöhnen, das die Runde hervorbrachte, als ich die Flasche auf den Tisch stellte, schienen die anderen meiner Meinung zu sein. Schnell waren die Gläser gefüllt. Wir stießen an. Neben mir steckten die Zwillinge ihre Köpfe zusammen, und Diane sagte zu ihrer Schwester:

»These Bavarians are hot shit, aren't they?«

Und das, obwohl nur drei echte am Tisch saßen.

Münchens Oberbürgermeister Christian Ude hat einmal gesagt, dass Münchens Bevölkerung ja sehr darunter leide, dass zwischen dem Wiesnende und dem Anfang der nächsten fünfzig Wochen überbrückt werden müssen. Ich jedoch, als zugegebenermaßen sehr geringer Teil der Münchner Bevölkerung, war froh, dass das Oktoberfest endlich vorüber war. Ich brauchte eine Pause, auch wenn wir am letzten Wochenende die Wiesn noch einmal von einer anderen Seite kennengelernt hatten, abseits vom Trubel in den Zelten. Wir waren mit Oskar von Fahrgeschäft zu Fahrgeschäft gebummelt, mit der Wilden

Maus gefahren, hatten uns nicht in die Olympia-Achterbahn mit ihren fünf Loopings getraut, uns über die Nieten an der Losbude geärgert, über starke Männer, die beim Hau-den-Lukas versagten, gelästert, mit Schokolade überzogene Erdbeeren gegessen und einander Lebkuchenherzen gekauft. Oskar hatte eines bekommen auf dem »Lausbub« stand. Ich hätte gern ein »Mein Held«-Herz gehabt, Francesca aber hatte sich für den »Zauberbär« entschieden. Doch in diesem Fall war Rache wirklich süß gewesen, und Francesca hatten den Nachhauseweg mit einem Herz antreten müssen, auf dem geschrieben stand: »Unsere Chefin ist spitze!«

Zwei Wochen später hatte unser Alltag wieder seinen gewohnten Rhythmus aus Freizeitstress und Gemütlichkeit gefunden. Und obwohl noch zwei Monate fehlten, war das Jahr gefühlt längst zu Ende. Die Weihnachtsfeiertage würden wir in Italien verbringen, der Urlaub war längst gebucht.

Es war ein Dienstag, an dem ich in Gedanken versunken von der Arbeit nach Hause kam. Jemand rief meinen Namen. Ich schaute mich um und sah auf der gegenüberliegenden Straßenseite Frau Pschierer stehen. Sie winkte und schob sich zwischen zwei parkenden Autos hindurch, um zu mir zu kommen. Ich hob den Arm, um ihr ebenfalls zu winken. Ich weiß nicht, warum Frau Pschierer das Auto nicht kommen sah. Ich wollte noch rufen, aber es war bereits zu spät. Es gab einen Knall, und Frau Pschierer flog über die Motorhaube, drehte sich einmal in der Luft und schlug mit dem Kopf auf dem Asphalt auf. Bremsen quietschten. Einen Augenblick lang herrschte Totenstille. Dann ging alles ganz schnell. Ich rannte zu Frau Pschierer. Es hatte sich bereits eine kleine Menschentraube um sie gebildet. Drei Leute riefen gleichzeitig einen Krankenwagen. Jemand rief nach einem Arzt. Ein Kind weinte. Frau Pschierer war noch bei Bewusstsein. Doch jeder, der sie ansah, konnte sehen, dass es ihr nicht gut ging. Jemand hatte sich zu ihr gehockt und redete beruhigend auf sie ein. Als sie mich sah, schien sie erleichtert. Ich wusste nicht, was ich ihr sagen sollte.

Drei Minuten später war der Notarztwagen da. Die Sanitäter waren schnell, ruhig und konzentriert. Sie wussten, was sie zu tun hatten. Ich versuchte, nicht im Weg zu sein. Obwohl ich genau sah, was sich um mich herum abspielte, kam es mir vor wie ein Traum. Ich konnte keinen klaren Gedanken fassen. Eine laute Stimme riss mich in die Wirklichkeit zurück.

»Sind Sie ein Angehöriger? Wollen Sie mit ins Krankenhaus fahren?«, fragte mich einer der Sanitäter.

»Ich ... weiß nicht?« Ich schaute zu Frau Pschierer, die nun auf einer Trage lag. Sie nickte mir zu. »Wenn das geht, komme ich mit«, entschied ich mich.

Im Krankenwagen war es eng. Es würde nur Minuten dauern, bis wir im Klinikum rechts der Isar ankämen. Die leise Stimme von Frau Pschierer riss mich aus meinen Gedanken.

»Hörn S' bitt' schön ... Es ist wichtig ... Sagen S' Ihrer Frau doch, dass man beim Teig drauf achten muss, dass ...« Und dann verriet sie mir, was ihren Kaiserschmarrn so einzigartig machte.

»Sie werden Ihren famosen Kaiserschmarrn schon noch ganz oft selbst backen«, hörte ich mich sagen. »Wir sind gleich da. Und dann wird alles gut.«

Frau Pschierer schaute mich an. Sie hatte ihre Hand in meine gelegt. Ihre andere Hand lag auf ihrer Brust. Sie hielt darin ein kleines Kruzifix umklammert. Unter all den bunten Ketten, die sie immer um den Hals trug, war es mir nie aufgefallen. Ich fasste vorsichtig ihre Hand und spürte, wie sie versuchte den Druck zu erwidern. Ihr Blick war klar. Dann sagte sie zu mir:

»Sie müssn koa Angst hab'n.«

Sie starb noch auf dem Weg ins Krankenhaus.

Als ich aus dem Krankenhaus nach Hause kam, glaubte ich noch immer, die letzten Stunden geträumt zu haben. Im Hausflur begegnete mir Georg Rieger, der gerade das Laub im Hof zusammengekehrt hatte. Seine Laune war wie immer genauso übel, wie ein Harzer Käse riecht. Als er mich sah, gab er wieder sein übliches Knurren von sich. Ich sagte nichts. Ich war schon fast an ihm vorbei, als er mich fragte:

»Ois in Ordnung mit Eana? Sie sehn aus, als könnten S' oanen Schnaps vertragen. Sie san ja ganz weiß im G'sicht.«

Ich drehte mich zu ihm um. »Die Frau Pschierer ist tot.«

Schweigen. Ich sah, wie der Mund vom Rieger Schorsch zu einem schmalen Strich wurde. Dann sagte er mit einem sanften Ton, den ich in seiner Stimme noch nie gehört hatte:

»Kommen S' doch nei. I hoab ja gwusst, dass Sie oanen Schnaps brauchen… Und i a.«

Drei Wochen später war jemand anderes in die Wohnung von Frau Pschierer eingezogen. Wenig später fiel mir auf, dass jemand das Türschild von Frau Pschierer an die Wand neben die Briefkästen geschraubt hatte. Das konnte nur einer gewesen sein, und im Stillen dankte ich ihm dafür.

27. Kapitel: In welchem es in einem Iglu beängstigend dunkel und eine Gewissenfrage gestellt wird

Anfang Dezember fragte mich Max, was wir an Silvester vorhätten. Er würde den Jahreswechsel mit Freunden auf seiner Hütte im Zillertal feiern. Sechs Tage im Schnee.

»Auf deiner Hütte?«

»Ja, also, sie gehört nicht mir. Ich und ein paar Freunde haben sie von einem Bauern gemietet. Wenn man die Miete fürs Jahr teilt, ist das gar nicht mehr so viel. Ist praktisch, wenn man mal von allem raus will und Einsamkeit braucht.«

»Mehr Einsamkeit als an einem lauen Sommerabend in Harlaching?« Ich genoss die seltenen Momente, in denen ich Max wenigstens ein bisschen piesacken konnte.

Was Max Hütte nannte, war eigentlich ein richtiges kleines Haus. Im Erdgeschoss gab es eine Wohnküche mit einer großen Terrasse davor, ein Wohnzimmer, das vor allem den Kindern als Spielzimmer diente, sowie einen großzügigen Abstell- und Trockenraum für die Ski- und Winterausrüstung. Oben, in der zweiten Etage des Hauses, befanden sich fünf Räume, die allesamt als Schlafräume fungierten. Alles war schlicht eingerichtet und nur mit dem Nötigsten ausgestattet. Die Miete teilten sich die Freunde zu zehnt. Dafür konnte jeder die Hütte nutzen, wann er wollte. Die Erfahrung hatte gezeigt, dass es eigentlich nur an den Feiertagen zu Engpässen bei der Belegung kommen konnte und man sich abstimmen musste. Es funktionierte ein bisschen wie Hapimag, nur ohne die Aktien, die man so schwer wieder loswird, und mit Freuden.

Die Hütte lag etwas oberhalb des Tals, umgeben von einem lichten Bergwald. Schon auf der Fahrt mit dem Auto meinte

Francesca, sie hätte noch nie so viel Schnee gesehen. Mir ging es ebenso. Und je höher sich der Wagen die Straße hochkämpfte, umso mehr wurde es. Währenddessen machte sich Oskar gerade einen Spaß daraus, uns zu nerven, indem er im Minutentakt fragte, ob wir schon da seien. Hätte ich ihn aus dem Wagen geschmissen, er wäre einfach weg gewesen, verschluckt von der meterhohen Schneedecke um uns herum. »Sind wir schon dahaaa?« Und der Schnee würde nicht nur ihn verschlucken, sondern auch sein Quengeln. »Sind wir schon dahaaa?« Eine schöne Vorstellung.

»Wuist a oanen Zipfelbob?«, fragte Max Oskar, kaum dass wir an der Hütte angekommen waren. Oskar nickte. Ich war mir sicher, dass er nicht wusste, was eigentlich ein Zipfelbob ist. Aber er hatte, die Autotür noch in der Hand, die ihm wohlbekannten Geräusche der Glückseligkeit gehört. Es waren die Geräusche von lachenden Kindern, schreienden Kindern, trötenden Kindern, weinenden Kindern, hupenden Kindern, von sich in Spiderman, Transformers und Harry Potter verwandelnden Kindern, von jubelnden Kindern, grölenden Kindern, von glücklichen Kindern. Da musste Oskar auch hin. Und was immer dieser Zipfelbob war, es würde ihn dorthin bringen.

Der Zipfelbob war ein Plastikschlitten mit einem kleinen Griff in der Mitte, der wie ein erigierter Penis aussah. Der Zipfel eben, wie man in Bayern sagt. Gleich hinter der Hütte gab es einen kleinen Hang, auf dem sich bereits ein halbes Dutzend Kinder mit allerlei Fahrgeräten und lautem Geheul ins Vergnügen stürzten. Neben besagten Zipfelbobs dienten ein Autoreifen, ein Schlauchboot und ein riesiger Plastikwok als Schlitten. Während Oskar mit dem Zipfelbob losstürmte, den Max aus einem kleinen Schuppen neben dem Haus geholt hatte, räumten wir unsere Sachen aus.

Wir waren als Letzte angekommen. Max und Anna hatten auf uns gewartet, während alle anderen teils mit, teils ohne Kinder beim Skifahren waren. Anna zeigte uns unser Schlafzimmer. Und meinte, wir sollten uns beeilen, sie mache gerade eine heiße Schokolade. Als wir fertig waren, gingen wir in die Küche. Ein uralter, noch mit Holz befeuerter Ofen diente nicht nur zum Kochen, sondern auch als Heizung. Neben dem großen Esstisch hatten noch ein kleines Sofa und allerlei Sesselchen und Stühle Platz in dem Raum gefunden. Gleich rechts neben der Tür stand eine Kommode, von der der Lack bereits abblätterte, darin das bunt zusammengewürfelte Geschirr. An der Vorderseite der Küche waren nachträglich größere Fenster eingebaut worden, die den Blick auf die Terrasse und den Berghang mit seinen verschneiten Tannen freigaben. Dahinter erblickte man das Tal. Das Haus, die Umgebung, alles war ganz einfach. Alles war perfekt.

»Manchmal glaube ich, dass ihr Bayern die Idylle erfunden habt«, sagte ich zu Anna.

»Und ... hamma guten Schnee?« Rainer schaute Max fragend an, der gerade von draußen gekommen war, während wir anderen am nächsten Morgen noch beim Frühstück zusammensaßen.

»Mir können baun!«, verkündete Max. Die Nachricht wurde von den Männern mit sichtbarer Freude aufgenommen. Die Frauen schmunzelten. Rainer war jener Freund, dem ich einen Teil meiner Oktoberfestgäste zu verdanken gehabt hatte. Könnte man aus Peter Lustig, dem bekannten Moderator der Kindersendung »Löwenzahn«, einen Luftballon machen und den ein bisschen dicker aufblasen als normal, das Ergebnis wäre Rainer. Er arbeitete in einer Werbeagentur. Seine Frau Marla war selbstständige Grafikerin, kümmerte sich aber vorwiegend um die beiden

Kinder Leon und Sarah. Außer ihm waren auch noch Jakob und Christoph mit ihren Familien auf die Hütte gekommen.

Jakob programmierte Software bei der Allianz. Er sprach nicht viel. Eine Eigenschaft, die seine Tochter Emma nicht von ihm geerbt hatte. Die Fünfjährige redete ununterbrochen. Vor allem mit ihrer Mutter Lilli, da die anderen Kinder meist schnell Reißaus nahmen, sobald Emma in Fahrt war. Christoph war mir neben Rainer am sympathischsten. Er und seine Frau Katharina hatten die Rollen getauscht. Sie verdiente die Brötchen als Marketingleiterin bei einem Pharmaunternehmen. Er hatte seine Stelle beim Bayerischen Rundfunk in einen Minijob umgewandelt, damit er die Anstellung nicht verlor, und kümmerte sich um den Haushalt und die beiden Kinder Lena und Felix. An Christoph gefiel mir, dass er trotz seiner Rolle als Hausmann keinerlei Softie-Attitüden besaß.

»Und … kommst net mit?«, rief Max zu mir herüber. Ich war der einzige Mann, der noch am Tisch saß. Wieso vergaß er eigentlich immer wieder, dass ich die Kunst des Gedankenlesens nicht beherrschte?

»Wohin denn?«

»Mir baun an Iglu! Des machen mir immer, wenn der Schnee taugt.« Na klar, dass ich da nicht von selbst drauf gekommen war?

Die vier erwiesen sich als eingespieltes Team. Jakob und Max sägten die Blöcke aus dem Schnee. Ich und Christoph schleppten sie zu Rainer, der die Blöcke passgenau in ihre endgültige Form schnitt und stapelte. Es dauerte nicht lange, bis es mir in meiner Daunenjacke, in der ich aussah wie ein bulgarischer Gewichtheber nach jahrelangem Anabolika-Missbrauch, viel zu warm wurde. Die Schneeblöcke wogen an die zehn Kilo. Auch die anderen waren schnell ins Schwitzen gekommen. Der guten Laune tat das keinen Abbruch.

»Wos gibt's denn heuer eigentlich für eine Strafe, wenn des Iglu zusammenbricht?«, wollte Max von Rainer und Jakob wissen.

»Mei Iglu bricht net zusammen«, konterte Rainer. »Ich mach das ja nicht zum ersten Mal.«

»Und wenn doch?« Jakob und Max hatten aufgehört zu sägen und schauten herausfordernd in Richtung des Iglu-Architekten. Rainer werkelte weiter, als ob nichts wäre.

»Wir machen dasselbe wie ihr vor zwei Jahren«, schlug er vor.

»Fünf Minuten Eisbaden oben am Speichersee? Einverstanden!«

»Ist dem Max etwa schon mal ein Iglu zusammengebrochen?«, wollte ich wissen.

Rainer lachte und erzählte die Geschichte. Max hatte bei seinem Iglu die Statik falsch eingeschätzt. Der Schnee war nicht so fest gewesen, wie er gedacht hatte. Je schwerer der Druck auf die unteren Blöcke wurde, desto stärker waren die Blöcke abgesackt und die Wände schließlich eingebrochen, bevor sie das Dach hatten schließen können.

»Die ganze Schinderei umsonst«, meinte Rainer. »Obwohl, der Anblick von Max im Wasser ... des hat sich schon gelohnt. Der is mit Kleidergröße 50 ins Wasser gestiegen und mit Größe 46 wieder rausgekommen ... Sah alles gleich viel straffer aus bei dir.« Alle lachten. Auch Max.

Fünf Stunden später war das Iglu fertig. Obwohl es von außen nicht sehr groß aussah, hatten sechs Personen darin Platz. Ich konnte sogar bequem darin stehen, während Rainer, der fast zwei Köpfe größer war als ich, nur in der Mitte seinen Kopf strecken konnte.

»Perfekt«, lobte sich Rainer selbst.

Wir stießen mit einem Obstler an. Rainer hatte extra eine

kleine Anrichte in den Iglu gebaut, die als Bar diente. Es gab sogar ein altes Kofferradio, aus dem Musik dudelte. Der Sound schepperte fürchterlich. Aber das störte niemanden.

»Keine Sorge. Jeder darf einmal eine Nacht im Iglu schlafen«, sagte Max auf dem Weg ins Haus zu mir. Ich schaute ihn verdutzt an. Schlafen im Iglu? Das war doch aus Schnee!

»Muss denn auch jeder eine Nacht lang im Iglu schlafen?«, fragte ich unsicher.

»Schenkst mir deine Nacht?«, wollte Max neugierig wissen. »Nein«, beeilte mich schnell zu sagen. Bevor Max auch nur auf die Idee kam, dass ich ihm meine Nacht im Iglu bereits abgetreten hatte. »Es ist nur so, Francesca… als leidenschaftliche Italienerin… ich weiß nicht, ob ihr die Vorstellung gefällt, in einem eiskalten Iglu zu schlafen. Sie hat bestimmt Angst, fürchterlich zu frieren.«

»Ah geh, wenn du deine leidenschaftliche Italienerin in der Nacht im Iglu net warm kriegst, dann ist dir eh net mehr zu helfen. Wenn ihr die Nacht net drin schlafen wollt… I tät mi des scho was kosten lassen… a Flasche Schampaninger? Oder einen guten Wein?«, lockte Max.

Ich wusste nicht, ob Max mir meine Nacht im Iglu wirklich abschwatzen wollte oder ob er mich nur neugierig machen wollte. Letzteres war ihm – ob freiwillig oder unfreiwillig – auf jeden Fall gelungen. Als ich Francesca erzählte, dass jedes der Paare eine Nacht im Iglu schlafen durfte, war sie wie erwartet weder Feuer noch Flamme.

Francescas Beziehung zu Schnee war eine schwierige. Sie mochte Schnee. Für fünf Minuten. Danach zog sie es vor, dass der Schnee und sie getrennte Wege gingen. Schon allein wegen der Schuhe, die man an kalten Wintertagen tragen muss. In Berlin hatte es nicht so oft Schnee gegeben. Dafür aber eine

Kälte, die direkt aus Sibirien kommt, der Russenfrost, wie eine Boulevardzeitung einmal getitelt hatte. Ich weiß noch genau, wie wir im Schuhgeschäft standen, Francesca hatte die wärmsten Schuhe der Welt an, ein paar gefütterte Stiefel von Kamik, die aussahen, als könnte nicht einmal ein Eskimo darin frieren. Francesca drehte sich vor dem Spiegel hin und her und sagte:

»Die machen aber keinen schönen Fuß.«

»Die sollen auch keinen schönen, sondern einen warmen Fuß machen!«, hatte ich noch zu argumentieren versucht. Vergeblich. Wir mussten weitersuchen. Nach Winterstiefeln, die elegant und warm zugleich waren. Ich fand schließlich welche im Internet. Von The North Face. Mit Pelz besetzt, ganz in Weiß. Leider gab es die Stiefel nicht in einem europäischen Online-Shop zu kaufen. Allein die Liefergebühren und der Einfuhrzoll kosteten 100 Euro. Nein, Francesca und Iglu, da kam zusammen, was nicht zusammengehörte.

Ich verwies auf den Daunenschlafsack, den wir ihr extra für die Tage auf der Hütte gekauft hatten, nachdem Max gemeint hatte, dass es in der Hütte keine richtige Heizung gebe und vor allem die Schlafzimmer oben in der Nacht recht kalt werden würden. Der Schlafsack, den wir ausgesucht hatten, war für einen Temperaturbereich von bis zu -25 Grad ausgelegt. Nur mit Mühe hatte der Verkäufer Francesca davon abbringen können, sich einen Expeditionsschlafsack zu kaufen, der sogar mit Temperaturen von -40 Grad fertigwurde. Der dringende Hinweis, dass sie im Sommer auf so einem Schlafsack nicht einmal liegen könnte, ohne zu schwitzen, hatte ihr dann doch zu denken gegeben.

»Max hat gesagt, es sei gar nicht kalt in so einem Iglu. Und sehr romantisch«, versuchte ich sie weiter zu überzeugen.

»Romantisch? Hat Max gesagt? Seit wann benutzen Männer solche Wörter, wenn sie miteinander reden? Romantisch …«

»Er hat mir einen guten Wein versprochen, wenn er und Anna unsere Iglu-Nacht bekommen«, lockte ich Francesca weiter. Was er über das Warmmachen der Italienerin gesagt hatte, verschwieg ich lieber. Langsam wurde auch Francesca misstrauisch. Wäre sie bei sich zu Hause in Italien gewesen, läge der Fall klar auf der Hand. Wenn jemand bereit war, für etwas zu bezahlen, dann musste es etwas Wertvolles sein. Und entweder man behielt dieses Etwas, um zu sehen, ob es nicht jemand anderen gab, der bereit war, einen noch höheren Preis dafür zu bezahlen; oder man behielt das Objekt der Begierde, selbst wenn man es gar nicht für sich gebrauchen konnte. Einfach nur, um bei Freunden, Nachbarn und Bekannten im Gespräch zu bleiben.

Doch mein Zureden half nicht. Francesca war nicht zu überzeugen. Schließlich redeten wir über ein Iglu. Aus Schnee. Zwei Tage in Italien, und das Iglu wäre weg. So etwas kann einfach nicht wertvoll sein. Außerdem ließ sich das Iglu nicht abschließen. Und Francesca liebte es, nachts abzuschließen.

»Wegen der Räuber!«

»Es gibt keine Räuber! Außerdem wohnen wir in der vierten Etage. Welcher Räuber ist so blöd, hier hochzukommen und uns auszurauben?«

»Mag ja sein, aber Räuber, die denken nicht so, die sind nicht so klug, sonst würden sie ja einen ordentlichen Beruf machen.«

Nein, es half alles nichts, Francesca musste jede Nacht abschließen. Und da man das Iglu nicht abschließen konnte, war es für sie gestorben. Da ich mir die Nacht im Iglu mittlerweile nicht mehr entgehen lassen wollte, würde ich dort wohl allein schlafen müssen.

Ich hatte die Nacht vor Silvester zugelost bekommen. Ich war aufgeregt. Eingepackt in viele dicke Decken, saß ich am Vormittag auf der Terrasse und las. Einen Krimi von Donna Leon. Ich war allein, die anderen waren wieder zum Skifahrn unterwegs. Francesca war mit Anna in ein Thermalbad gefahren. Nur Max war noch da und machte Kinderdienst. Ich hatte angeboten, auf die Kinder aufzupassen, die keine Lust gehabt hatten, mit ihren Eltern zum Skifahren zu gehen, aber Max hatte darauf bestanden, sich um die Kinder zu kümmern. Aus einem ganz bestimmten Grund.

Commissario Brunetti war mal wieder am Essen, als ich ein lautes rhythmisches Knallen vernahm. Es kam aus dem Spielzimmer. Als ich nachschaute, was es mit dem Knallen auf sich hatte, sah ich Oskar und Sarah mit einer Peitsche in der Hand.

»Oskar, leg sofort die Peitsche weg!«, sagte ich in einem strengem Ton, der ihn erschreckte. Erst jetzt sah ich Max, der ebenfalls so eine merkwürdige Peitsche in der Hand hielt. Leon und Lukas standen daneben und hielten sich die Ohren zu.

»Was macht ihr hier?«, wollte ich wissen.

»Goaßlschnalzen!«, sagte Max. Ich hatte keine Ahnung, was das sein sollte, aber es gefiel mir nicht, dass Oskar mit einer Peitsche um sich schlug.

»Ich möchte nicht, dass Oskar mit einer Peitsche herumhantiert. Das ist zu gefährlich. Für ihn und für andere.«

Die Kinder schauten mich und Max interessiert an. Keines von ihnen rührte sich. Ich kannte diesen Blick. Es war derselbe, den ich schon oft auf dem Spielplatz gesehen hatte. Immer wenn sich zwei Kinder stritten, standen bald andere drumherum und schauten mit scheinbar unbeteiligter Miene, wie dieser Streit ausgehen würde. Sie griffen nicht in den Streit ein. Sie schauten einfach nur zu. So wie jetzt.

»Des is koa Peitsche, des is a Goaßl. Und des Goaßlschnalzen is net gefährlich, des is oa Kunst!«, sagte Max ruhig. »Ich zeig's dir!« Dann knallte er los.

Das Goaßlschnalzen war eine Tradition, die die Fuhrleute entwickelt hatten, eine Art Vorläufer der Hupe. Der ohrenbetäubende Lärm der Peitsche entsteht durch eine überschallschnelle Bewegung der Peitsche. Bei der handelt sich um einen biegsamen Stock, an dessen Ende ein Hanfseil geknüpft ist. Am Ende des Seils wiederum ist der Schmitz, eine dünne Bast- oder Nylonschnur, eingeflochten. Dieser Schitz ist maßgeblich verantwortlich für den lauten Knall.

Max gab mir die Goaßl. »Probier's mal«, forderte er mich auf.

»Nein! Ich finde das einen rechten Schmarrn, und man muss so was auch Kindern nicht beibringen.«

»Wieso? Des is a alte bayerische Tradition.«

»Auspeitschen?«

»Wenn du des mit der Goaßl nicht schon als Kind lernst, dann schaffst des net. Dafür brauchst oan Rhythmus, a Gfühl.«

Max erklärte mir, dass es regelrechte Wettbewerbe gab, bei denen trainierte Goaßlschnalzer mit aberwitzigen Klangfolgen gegeneinander antraten. Wieder schwang er die Peitsche durch die Luft. Wieder ertönte ein ohrenbetäubender Lärm. Ich nahm Oskar seine Peitsche ab und ließ Max mit den anderen Kindern allein.

Es war Zeit fürs Mittagessen, und Max fragte mich, ob ich Kartoffeln schälen könnte. Wir unterhielten uns übers Essen, und Max begann eine Geschichte zu erzählen.

»I woar amoi in einem Restaurant in China, da hat ein Kerl in drei Minuten aus einem Fladen Teig hunderte Nudeln gemacht. Richtige dünne Nudeln. Einfach, indem er den Teig geknetet und durch die Luft gewirbelt und am Ende auseinandergeschnitten hat. Des war der Wahnsinn. Es dauert Jahre, bis man das lernt. Höchstwahrscheinlich gibt's eine Maschine, die in drei Minuten die zehnfache Menge Nudeln macht. Aber wenn eine Maschine des macht, dann staun ich nicht darüber. Aber wenn einer drei Jahre seines Leben lernt, wie er den Teig richtig schwingen und werfen muss, damit daraus Nudeln werden, dann ist des oa Kunst. So was darf net aussterben.«

Ich wusste genau, dass Max nicht von Nudeln, sondern von etwas ganz anderem sprach. »Mit einem Teigfladen kannst du aber andere nicht verletzen!«, entgegnete ich ihm.

»Woist, wenn ein Tier vom Aussterben bedroht wird, dann spendet oaner wie du a Geld. Dann stehn zig Organisationen und Vereine vor der Tür und schreien, dass man das Tier doch net verreckn lassen koa. Selbst wenn das oan gefährliches Raubtier ist. Aber wenn a Tradition ausstirbt, wenn's koanen mehr gibt, der zum Beispiel mit der Goaßl schnalzen koa, dann seids froh, dass die alten rückwärtsgewandten Zeiten endlich vorbei san. Da koa die Evolution ruhig ihren Lauf nehma.«

Ich streckte die Waffen. »Passiert da auch nix!?«

»Wär schad, wenn da nix passieren tät … weil dann ja nix passiert!«, lachte Max. Das war ja wohl logisch. Auf bayerische Art.

Ich lag im Iglu und dachte an Räuber. Alles um mich herum war schwarz. Ich meine, wenn ich zu Hause im Bett lag und die Augen geschlossen hatte, war es heller als in diesem Iglu. Ich starrte in die Dunkelheit und wartete darauf, dass sich irgendwelche Konturen des Daches vor meinem Auge abzuzeichnen begannen. Nichts geschah. Alles, was ich sah, war undurchdringliches, gleichmäßiges Schwarz. Ich hatte keine Ahnung gehabt, dass es so dunkel sein konnte. Ich horchte in die Stille hinein. Ein bisschen gruselig war das Ganze schon. Ich zog meinen Schlafsack bis zur Nasenspitze, obwohl mir gar nicht kalt war. Rainer hatte in das Iglu ein Bett aus Schnee gebaut, das mit Stroh gepolstert war, darüber lag eine Isomatte, und auf der lag ich. Im Schlafsack. Diese Stille. Ich würde die ganze Nacht lang kein Auge zutun. Dabei sagen Schlafforscher doch immer, dass Dunkelheit und Stille gut wären und dass der Lichtmüll und der ständige Lärm der Städte den modernen Menschen um seinen erholsamen Schlaf brächten. Keine Ahnung, wo diese Forscher ihre Untersuchungen machten, aber in einem Iglu in den Bergen bestimmt nicht. Ich zündete eine Kerze an. Eine Minute später pustete ich sie wieder aus. Die sich bewegenden Schatten, die durch das Flackern der Kerze entstanden, waren noch unheimlicher als die pechschwarze Dunkelheit.

Als ich dann tatsächlich Geräusche draußen vor dem Iglu hörte, hielt ich die Luft an. War das ein Tier? Wenn ja, war es gefährlich? Hielten Bären nicht Winterschlaf? Es waren Schritte. Die Schritte kamen näher. Das war kein Tier! Tiere haben keine Taschenlampen. Hinter dem Eingang des Iglus tanzte ein Lichtschein auf und ab.

»Sei sveglio – bist du wach?«, hörte ich Francescas vertraute Stimme. Mit fiel ein Stein vom Herzen. Was machte sie hier? Francesca schob die Decke vor dem Eingang beiseite.

»Ich wollte dich nicht erschrecken«, sagte sie.

»Hast du nicht«, log ich. Neben ihrem Schlafsack hatte sie noch drei weitere Isomatten dabei, mit denen sie begann das Lager auszupolstern.

»Max hat gesagt, dass es wärmer ist, wenn wir unsere Schlafsäcke zusammenstecken. Das soll mit den Reißverschlüssen gehen«, meinte sie. Ich schälte mich aus meinem Schlafsack und versuchte die Schlafsäcke zu verbinden. Nach drei Minuten Gefummel klappte es endlich, und ich schob meinen kalt gewordenen Hintern in den neuen Riesenschlafsack. Francesca zog ihre Jacke und ihre Hose aus. Ihren Pullover, die Socken und eine lange Unterhose behielt sie an. Zu zweit war es wirklich wärmer.

»Danke, dass du gekommen bist«, sagte ich zu Francesca und gab ihr einen Kuss.

»Mmmmmh«, brummte sie.

Ich machte die Taschenlampe aus und kuschelte mich an Francesca. Ich war schon fast eingeschlafen, als ich Francesca fragen hörte:

»Ähhmm, scusami – bleibt das hier eigentlich die ganze Zeit so dunkel?«

28. Kapitel: In welchem ein Berliner mit den Finessen der bayerischen Politik vertraut gemacht und eine Antwort auf die wichtige Frage »Was würde Franz Josef tun?« gefunden wird

Politik ist ein heikles Thema in Bayern. Findet überhaupt welche statt? Und wenn ja, warum merkt man davon so wenig? Vielleicht, weil so viel davon im Verborgenen stattfindet? Wo Politik gemeinhin nicht stattfinden soll? Jahrelang hatte die CSU mit einem einfachen und simplen Konzept Erfolg, mit dem auch schon einmal ein findiger Radiosender um die Gunst seiner Hörer buhlte: »Schalten Sie nicht um, die anderen sind auch nicht besser.« Doch in den letzten Jahren war die Macht der Christsozialen gebröckelt. Und wer an einen Zufall glaubt, irrt. Der Verlust der absoluten Mehrheit der CSU bei den Landtagswahlen ist ein Zeichen. Vor allem dafür, dass die Bayern zwar geduldige Menschen, aber nicht dumm sind.

Max hatte schlechte Laune. Wir waren nach der Arbeit auf dem Weg nach Hause. Es war ein kühler, regnerischer Februartag und die ganze Stadt wartete bereits ungeduldig auf den Frühling. Ein klassischer Fall von Selbstbetrug, der seine Ursache in der Identifikation Münchens als nördlichste Stadt Italiens hat. Den Münchnern ist das italienische dolce far niente bereits so sehr in Fleisch und Blut übergegangen, dass sie kurzerhand feststehende unerschütterliche geologische Tatsachen leugnen. Weil die Erde nun mal schief im Weltall steht, beginnt der Frühling nördlich der Alpen sehr viel später als eben im echten Italien. Mit Glück Ende März. Aber eigentlich erst im April. Nur schert das die Münchner nicht, weil sie der Meinung sind, dass sie als halbe Italiener ein Recht auf Frühling im Februar haben. Schiefe Erdachse hin oder her. Aber es war nicht das Wetter, das Max die Stimmung verhagelt hatte, sondern ein Brief. Von seiner Krankenversicherung.

»Woist, was mir die geschrieben ham? Die ham gschrieben: ›Sehr geehrter Herr Brunner, die Medizin macht laufend Fortschritte. Damit wir Ihnen auch in Zukunft die beste medizinische Versorgung garantieren können, sind wir gezwungen, Ihren Beitrag zur Krankenversicherung entsprechend anzupassen.‹ Da legst di nieder. Jedes Jahr derselbe Scheiß. Woist, was i machen du? I schreib deanen auch oanen Brief. Naa, i schreib glei zwoa. Oanen schreib ich an die Krankenversicherung. Da schreib i eini, dass mir auch dies Joar die dreckerte oide Medizin vom Vorjahr reicht und dass i di neue net wui. Und dann schreib i noch aonen Brief an den Finkenzeller…« Unser Chef. »… und in den schreib i eini, dass i, also der Max Brunner, laufend Fortschritte mache. Und in diesem Joar schon wieder schlauer gwordn bin als im letzten. Und damit er auch in diesem Joar a erstklassige Arbeit von mir erwortn kann, muss i leider meinen Lohn erhöhen. Des schreib i nei.«

Max prustete wie ein Nilpferd, das nach Tagen der Dürre endlich Wasser gefunden hat. Ich kannte diesen Brief. Ich hatte ihn auch bekommen. Etwas anders im Wortlaut zwar, aber mit demselben Tenor.

»Was regst du dich so auf? Die nehmen halt, was sie kriegen können. Ihr Bayern müsstet daran doch eigentlich gewöhnt sein. Ich meine, ihr habt jahrelang der CSU sämtliche Affären durchgehen lassen. Immer schön brav euer Kreuz gemacht, obwohl Besserung gelobt wurde. Und ihr wurdet wieder und wieder ausgenommen. Da kannst du dich doch wegen der acht Euro im Monat nicht so heiß machen.«

»Des is doch net dasselbe. Es geht ums Prinzip«, schnaufte

Max. Genau. Max und seine Prinzipien. Diesmal sollte er mir aber nicht so billig davonkommen.

»Komm schon, Max, es kann doch nicht angehen, dass Politiker bei irgendwelchen Bankendeals Insidergeschäfte begünstigen. Ich sag nur Hypo. Oder für die Unterstützung bei Waffengeschäften Provisionen kassieren. Herr Schreiber lässt grüßen. Und du kannst mir auch nicht erzählen, dass es ein Zufall ist, dass einen Tag vor einer Hausdurchsuchung die Festplatte eines Tatverdächtigen von einem Virus befallen wird, der das Laufwerk löscht. Und alles, was euch Bayern dazu einfällt, ist ein Schulterzucken und ein läppisches ›Ja mei‹.«

»Wir Bayern sind halt sehr tolerant«, bremste mich Max.

»Aber doch nicht Betrügern gegenüber.«

»A geh, Betrug… Des ist jetzt aber scho oan sehr hartes Wort. Manchmal, da muss man im Leben einen Irrtum vorsätzlich begehen. Bei uns in Bayern kommt's halt immer auf das rechte Maß an. Verstehst? Wie beim Bier und den Hochhäusern. Bier ist wichtig. Deshalb ham mir auch die großen Gläser. Hochhäuser sind unwichtig. Deswegen dürfen sie a net größer sein als die Türme der Frauenkirche. Nur weil sich oana in der Kassen bedient hat, is er noch lang koa Dieb. Es kommt halt immer auch drauf an, wie viel er gnommen hat. Und wofür. Auf das rechte Maß. Hast noch nie was oagestellt, in deinem Leben, was – laut Gesetz – verboten gwesen wär? … Zum Beispiel deine Haftpflichtversicherung für Freunde hergeliehen?«

Ich überlegte. Natürlich gab es da schon ein paar Sachen, die ich lieber nicht hätte tun sollen. Und wenn ich dabei erwischt worden wäre, hätten die Strafen durchaus empfindlich sein können. Aber die Dimensionen waren doch ganz andere. Das konnte man nicht mit den Millionendeals von Managern oder Politikern vergleichen. Genau das sagte ich Max auch.

Er schaute mich mit einem triumphierenden Lächeln an und sagte:

»Siehst du, du rechtfertigst deine kleinen Gaunereien auch mit dem rechten Maß. Du setzt sie ins Verhältnis und versuchst, sie so zu rechtfertigen. Des is net richtig, was du da tust… aber es is menschlich. In Bayern derfst halt no a Mensch sein. Woaßt, ihr depperten Preißn glaubts immer, dass die Welt a bessre wär, wenn man sie nur richtig strukturieren dät. Wenn's für alles a Institution gäbe, in der ois geregelt is, in der immer ois nach Plan läuft. Aber der Mensch, der is koa Struktur. Der Mensch säuft, er stinkt, er macht Fehler, er liebt, er lacht, … und manchmal, da weint er auch… Der Mensch, der passt net nei in oa Struktur, weil des Leben a einzige Ausnahme ist. Aber des versteht ihr Preißn net.«

Bei seinen letzten Worten hatte Max sich in Rage geredet. Ich hatte ihn noch nie so wütend erlebt. Aber es war nicht seine Wut, die mir seine Worte derart eindringlich erscheinen ließ. Ich wollte mich eigentlich gar nicht mit ihm streiten.

»Okay, wie wär's mit 'nem schnellen Hellen?«, schlug ich vor. »Ich glaub, zum Fraunhofer ist es nicht weit.«

Max schaute mich mit einem ungläubigen Lächeln an. »Seit wann kennst du dich mit Münchner Wirtschaften aus?«

»Ich habe mir einen Gastro-Guide gekauft. Und ihn auch gelesen. Ich bin eben ein strukturierter Mensch. Aber ich arbeite daran!« Ich war froh, dass Max sein ehrliches lautes Lachen lachte, mir auf die Schulter klopfte und sagte:

»Na komm schon, du Strukturierter. Oa schnelles Helles geht immer.«

Wenig später beim Versöhnungsbier meinte Max, dass ich schon auch ein bisschen recht hätte. Die Zeiten seien schwierig. Sogar in Bayern und in München, das gemeinhin als kleine Insel der Glückseligkeit gilt. Das rechte Maß sei in Gefahr, was seiner Meinung nach auch einer der Gründe sei, warum die jahrelang zementierte Vormachtstellung der CSU mittlerweile ins Wanken geraten war.

»Da sind in den letzten Jahren halt a paar Milliarden zu viel versenkt worden. Eine Milliarde? Okay. Des passiert amoi. Zwei Milliarden? Obacht. Da spitzen die Leit scho a bisserl die Oarn. Drei Milliarden? Mei, bei drei Milliarden, da möchtest scho a richtig gute Geschichten hörn, warum des ganze Geld futsch ist. Und den Leuten zu erzählen, dass der Sachverhalt rückhaltlos aufgeklärt wird, des is zu wenig. Des is koa gute Geschicht… Woißt, was der Franz Josef gemacht hätt, wenn er den Leuten hätt erklären müssen, was mit den ganzen Milliarden von der Landesbank passiert is?«

Mit Franz Josef war natürlich Franz Josef Strauß gemeint, dessen Geist auch zwanzig Jahre nach seinem Tod immer noch über dem Freistaat schwebt. Und das nicht nur, weil der Flughafen Münchens nach ihm benannt ist. Während normale Menschen nicht verstehen, wie aus dem grobschlächtigen Metzgersohn ein erfolgreiches Politikgenie werden konnte, harrt man in Bayern mit geduldiger Sehnsucht der Wiederkunft eines Mannes seines Formats.

»Der Franz Josef, der hätt sich hieg'stellt und g'sagt: Liebe Leit, des Geld is dahie. Aber hier hab i oa Idee, wie wir in den nächsten zwei Joarn des Doppelte von dem verdienen, wos mir jetzt grod verloren ham. Und des machen mir jetzt a so… Und dann hätt der des genau so gmacht. Und schon wär wieder alles im rechten Maß gwesen… Ja mei, der Franz Josef… a Hund war er scho«, sinnierte Max. Und in der Feststellung der Durchtriebenheit des ehemaligen Landesvaters schwang auch eine gehörige Portion Anerkennung mit. Aus den schnellen Hellen wurden zwei und Max sehr redselig. Voller Eifer begann er mich über die seiner Meinung nach großen Bayern-Irrtümer aufzuklären. Einer zum Beispiel sei es, dass die Leute immer glaubten, in Bayern sei alles schon immer so gewesen wie jetzt.

»Wennsd des dir oaschaust, vor dreißig Joarn ham mir noch kassiert beim Länderfinanzausgleich. Und heut? Ham sieben von dreißig Dax-Unternehmen ihren Sitz in München. Sieben von dreißig! Und mir zoahln sogar für euch Berliner«, beantwortete Max seine Frage selbst. »Aber kaufn könn mir uns davon nix, weil wiars morgen ausschaut, des woiß ja koaner. Woißt, was der Michi und der Seppi grad machen müssen?«

Ich musste schmunzeln beim Gedanken an meine beiden dem Würfelspiel verfallenen Oktoberfestgäste.

»Die müssen jetzt Gentechnik lernen. Und entscheiden, ob sie des Zeug irgendwann amoi aufs Feld packen oder net. Weil dem Bauern nützt a grüne oder a schwarze Ideologie am Ende nix. Für den is wichtig, ob des Genzeugs ihm den Boden kaputt macht oder ob's die Leit oder des Vieh krank macht, wenn die des fressen. Aber des sagt dir ja koaner. Also müssen's der Seppi und der Michi selba rausfinden. Und jetzt hocken's da und lesen Bücher und schreiben an Fachleute in der ganzen Welt, die hoffentlich noch net von oanem Lobbyisten kauft wordn sind. Mein Vater schüttelt nur den Kopf, wenn er die beiden reden hört«, sagte Max mit nachdenklicher Miene.

Der zweite große Irrtum über die Bayern sei, dass viele Menschen glaubten, die Bayern seien alle gleich. Doch das stimme nicht, es gebe große Unterscheide und das nicht nur, weil die Franken eigentlich rausgeschmissen gehörten aus dem Freistaat, wie Max unmissverständlich formulierte. Nein, man müsse ja nur Stadt und Land vergleichen. Die Unterscheide seien fundamental.

»Ganz klar, München ist nicht Bayern. Und Bayern ist nicht München. Aber …« Max hob den Zeigefinger. »Beides gehört trotzdem zusammen. Ja, ich glaub sogar, dass das eine ohne das andere undenkbar wäre. München und Bayern sind quasi symbiotisch miteinander verbunden.«

Die Natur kennt bei einer Symbiose ja verschiedene Formen der Abhängigkeiten. Mal profitieren beide Parteien, mal ein Teil der symbiotischen Lebensgemeinschaft mehr als der andere. Und in einigen Fällen ist es sogar so, dass die symbiotischen Partner derart eng miteinander verbunden sind, dass der eine Teil ohne den anderen nicht mehr lebensfähig wäre. Und genau dies sei beim Freistaat Bayern und seiner schönen Landeshauptstadt München der Fall. Behauptete jedenfalls Max:

»Das ist wie beim Einsiedlerkrebs und der See-Anemone«, sagte er mir. Ich hatte mal etwas darüber gelesen, dass die Einsiedlerkrebse ihre Behausungen mit den Blumentieren besetzen und so einen besseren Schutz vor Feinden haben. Sogar beim Umzug in ein neues Gehäuse schleppen die Einsiedlerkrebse ihre Anemonen mit sich, was für die Anemone wiederum eine viel größere Mobilität bedeutet und mehr Futter.

»Ist Bayern dabei die Anemone? Und München der Krebs? Oder umgekehrt?«, wollte ich von Max wissen.

»Darum geht es doch gar nicht. Es geht ums Prinzip«, sagte Max und fuhr mit seinen Erläuterungen fort. Dass München und Bayern verschiedene Welten sind, ließe sich ja schon allein daran ablesen, dass in Bayern traditionell die CSU an die Macht gewählt würde. Wohingegen die Münchner die meiste Zeit über die SPD bevorzugten. Das mochte für Außenstehende und Zugereiste wie mich einen Widerspruch darstellen, sei jedoch in Wirklichkeit ein sehr bayerisches Konstrukt. In Bayern gehe es nämlich nicht so sehr darum, Widersprüche abzuschaffen, sondern darum, mit diesen Widersprüchen bestmöglich zu leben.

»Laptop und Lederhose, wie des der Edmund immer so schön gesagt hat«, sagte Max zu mir. »Verstehst?«

Edmund Stoiber ist wahrlich kein Marketinggenie gewesen. Vor allem, wenn es darum ging, sich selbst zu verkaufen. Doch mit dem Laptop-und-Lederhosen-Slogan ist ihm vor gerade einmal zehn Jahren ein kleines Meisterstück gelungen.

»Hat Edmund Stoiber den Spruch nicht geklaut?«, versuchte ich mich zu erinnern.

»Ja, der ist natürlich nicht ganz auf seinem Mist gewachsen. Aber der Roman Herzog, der des damals in oaner seiner Bundespräsidenten-Reden gesagt hat, der is ja auch a Bayer. Und unter Bayern derfst so einen guten Spruch schon mal herborgen«, beendete Max meine Spekulationen über den Diebstahl geistigen Eigentums.

»Oder nimm die Politik. Was in der CSU außerehelich herumgeschnackselt wird, da hättest schon längst das C aus dem Namen wegnehmen müssen.«

»Macht man aber nicht. Ihr seid Katholiken, ihr könnt beichten, und gut ist es.«

»Ja, das mit dem Beichten ist scho oa praktische Sach. Aber des is net ois. Ihr Preußen seid immer so streng… so pedantisch. Werte sind gut und richtig, des scho. Aber Werte sind ein Maßstab, eine Orientierungshilfe. Woißt noch, was der Franz Beckenbauer gsagt hat, nachdem bekannt wurde, dass er noch mal Vater wird? Und dass das Kind nicht von seiner Frau ist?«

Ich konnte mich nicht daran erinnern. Ich wusste nur, dass die Affäre dem deutschen Fußballkaiser Franz damals zu dem schönen Spitznamen Beckenpower verholfen hatte. Und dass bayerische Weihnachtsfeiern seitdem ein sehr fragwürdiges Image bekommen hatten.

»Der Franz hat damals gesagt: Der Herrgott freut sich über jedes Kind.« Max schaute mich triumphierend an, als hätte er mir gerade die Weltformel enthüllt, mit der er der Erde für immer Frieden und Wohlstand bringen würde. »So einen schönen Satz kann nur ein Bayer sagen. Und weißt, warum? Weil er richtig ist. Moral hin oder her. Deswegen ham wir ja auch die Liberalitas Bavariae erfunden. Jeder in seinem Haus und Gott in allem.« Max war ganz gerührt. Ich verstand langsam, worauf er hinauswollte. Denn genau so erging es mir ja seit unserem Umzug nach München. Ich fand hier jedes Klischee über Bayern und über München belegt. Und am nächsten Tag wurden sämtliche Vorurteile widerlegt und komplett über den Haufen geworfen. Das Einzige, was immer blieb, war diese Gemütsruhe, die über Stadt und Land schwebte, dieses unsichtbare Miteinander, als hätte man die Seele voller Luft und Sonne. Die Widersprüche leben, hatte Max gesagt. Vielleicht war das ja tatsächlich das Geheimnis der Bayern.

»Weißt, Bayern ist voller Widersprüche. Überall. Und deswegen is unser Land ja für Fremde auch so schwer zu verstehen. Nimm doch zum Beispiel den Kini.«

Wer zum Teufel war jetzt schon wieder der Kini? Ich hatte den Namen von meinen Kollegen schon mal gehört. Aber mein Gedächtnis versagte ebenso wie meine Allgemeinbildung. Ich musste nachfragen.

»Wer ist der Kini?«

»Ludwig der Zweite. Der Kini halt. Sag bloß, du kennst den Kini net?«

»Doch, Ludwig den Zweiten kenn ich schon. Aber warum sagst du seinen Namen nicht gleich?«

»Na, weil er der Kini ist. Kini heißt König.«

»Ja schön, aber ihr habt doch sicher mehr als einen König gehabt, oder?«

»Ja schön, aber der Kini ist halt der Kini. Des weiß doch a jeder.« Bayerische Logik. Ich sollte es mittlerweile eigentlich besser wissen. Obwohl Bayern in seiner wechselvollen Geschichte tatsächlich mehr als nur einen König gehabt hatte, war es nur einem gelungen, als der König in Erinnerung zu bleiben. Kein Wunder, hatte er sich doch bereits zu Lebzeiten mit dem Bau prächtiger Schlösser Denkmäler gesetzt, die sich unschwer vergessen lassen. Dennoch ist es in der Tat merkwürdig, dass ausgerechnet Ludwig II. mit seiner Vorliebe für prunkvolle Schlösser und die schwere Musik Richard Wagners und seiner – allerdings nie wirklich bewiesenen – Homosexualität, den Bayern so ans Herz gewachsen war. Die bayerische Hemdsärmeligkeit war diesem Mann vollkommen fremd gewesen.

»Der Kini, der war ein Träumer«, fuhr Max fort. »Aber er hat nicht nur geträumt, sondern er hat auch versucht, seinen Traum zu leben. Und des muss man a jedem hoch anrechnen… Im Grunde war der Kini ein armer Hund, ein Entrückter… Mei, wir Bayern haben halt was übrig für Getriebene, die keiner versteht und die sich vielleicht nicht einmal selbst verstehen.« Max schaute mir fest in die Augen, und ich hatte das Gefühl, dass er mit seinem letzten Satz nicht nur den Kini gemeint hatte.

29. Kapitel: In welchem die Bibel als das einzig wahre Vornamenbuch gepriesen wird

Ich hatte gerade nach dem Laufen geduscht, als ich mich zu Francesca auf die Couch warf, die im Fernsehen »Germany's Next Topmodel« anschaute. Auf mich wirkt die Sendung, in der Heidi Klum mit sehr viel Peitsche und ganz ohne Zuckerbrot jungen Mädchen das Modeln verleidet, immer wie die Neuverfilmung des Märchenklassikers »Das kalte Herz«. Nur ohne Happy End. Die Kandidatinnen der Show kannten mal wieder nur zwei Gemütszustände. Heulen und Kreischen. Francesca folgte konzentriert dem Geschehen auf dem Bildschirm. Die Entscheidung stand an, und die Träume vieler Mädchen wurden im Sekundentakt entsorgt. Ein paar Minuten später hatte das Grauen endlich ein Ende. Francesca legte die Fernbedienung beiseite und sagte:

»Ich bin schwanger.«

Mein Herz machte einen Sprung. Ich blieb sitzen. Fassungslos, nicht in der Lage, mich auch nur zu bewegen oder etwas zu sagen. Ich glaube, ich bin der schlechteste Auf-die-Nachricht-ich-bin-schwanger-Reagierer der Welt. Keine Ahnung, warum, aber das ist einfach größer als ich. Schon bei Oskar hatte ich es versaut. Doch Francesca wusste Bescheid. Sie gab mir einen Kuss und vollführte einen Freudentanz.

»Dann freu ich mich eben für uns beide zusammen«, jubelte sie.

Es dauerte eine ganze Weile, bis ich mich gefasst hatte. Ende des Jahres hatten wir uns entschieden, ein zweites Kind zu bekommen. Jetzt war es also so weit. Ich versuchte, die auf mich einstürmenden Gedanken an die Kosten für eine Million Windeln, ein größeres Auto und und und… beiseitezuschieben, damit sich die Freude über die Nachricht endlich Bahn brechen konnte.

Als ich vier Wochen und ein paar Untersuchungen beim Frauenarzt später Max von der Schwangerschaft erzählte, strahlte er übers ganze Gesicht. »Ja, da schau her! Ein echtes Münchner Kindl. Glückwunsch… Des muss gfeiert wern.«

Noch am gleichen Abend schleppte er mich in die Bar Corso in der Müllerstraße. Max bestellte für uns munter immer wieder ein Glas von den sogenannten »Homemade Infusions«, von denen er behauptete, dass man kein echter Münchner sei, wenn man die nicht kennen würde. Zwei Stunden später saß ich glücklich vor meinen vierten Glas Rosmarin-Salbei-Rum. Beim ersten Glas hatte Max mir erklärt, wie die eigenartigen hochprozentigen Drinks, die wir da tranken, hergestellt wurden. »Die macht der Barkeeper selber«, referierte Max kundig. »Da werden Kräuter und Früchte in Schnaps eingelegt, und schon kriegst du Banause so etwas Leckeres zu trinken.« Beim zweiten Glas tauschten wir uns über mögliche Namen für das Kind aus. Für Max stellte dieses schwierige Thema, an dem Paare sich zerstreiten konnten, noch bevor sie überhaupt ein Kind gezeugt hatten, kein Problem dar. Er hatte einen todsicheren Tipp parat:

»Kauf dir um Himmels willen keins von diesen extra Vornamenbüchern. Die sind alle Mist. Es gibt nur ein einziges gutes Vornamenbuch. Die Bibel. Da stehen alle guten Namen drin. Zeitlose Klassiker.«

Beim dritten Glas rief ich bei Francesca an, um ihr zu sagen, dass es etwas später werden könnte. Als sie von Max' Vorschlag bezüglich der Namenssuche hörte und davon, dass wir in einer Bar saßen, in der es Sachen wie Blaubeer-Gin zu trinken gab, teilte sie diese Meinung. Jetzt, beim vierten Glas, hatte ich die Erklärung von Max, wie das, was da im Glas war, hergestellt wurde, bereits wieder vergessen. Stattdessen diskutierten wir hitzig darüber, welcher Spieler des FC Bayern der beste aller Zeiten gewesen sei. Ich tendierte zu Franz Beckenbauer, während Max sich nicht so recht zwischen Gerd Müller und Sepp Maier entscheiden mochte. Lothar Matthäus mochte keiner von uns beiden leiden. Beim fünften Glas – ich hatte bereits einen Zustand vollkommener wohliger Behaglichkeit erreicht – kam mir plötzlich wieder der Satz von Max in den Sinn. Ein echtes Münchner Kindl. Ich musste an die zurückliegenden Monate denken, an die Wanderung auf den Watzmann, ich dachte an die Sommertage an der Isar, an das Oktoberfest, an die Zeit auf der Hütte in den verschneiten Bergen, an Frau Pschierer, ich erinnerte mich an das Gespräch mit Max über Hochhäuser, als wir darüber diskutierten, ob es nun die Welt sei, die sich änderte, oder ob es die Menschen seien, die sich ändern. Vielleicht war das ja gar nicht die richtige Frage. Die Zeit vergeht. Und ob man es will oder nicht, sie nimmt Dinge mit sich, die nie wiederkehren. Ich hätte in diesem Moment gerne gewusst, wie die Zukunft aussehen wird. Ich fragte mich, ob es den Menschen hier gelingen würde, ihr kleines Idyll zu bewahren. Doch meine Vorstellungen blieben nebulös. Ja, Max hatte recht. Unser zweites Kind würde ein Münchner werden. Ein echter Münchner. Nicht der schlechteste Start, den man ins Leben haben kann.

»Mmhhh, no lo so – ich weiß nicht. Er sieht nicht so aus wie der von Frau Pschierer.« Kritisch beäugte Francesca den Kaiserschmarrn auf dem Teller.

»Koste doch erst mal!«, forderte ich Francesca auf. Sie nahm einen Bissen.

»Also der von Frau Pschierer war … irgendwie luftiger«, sagte sie mit vollem Mund. Ich kostete ebenfalls. Francesca hatte recht. Der Kaiserschmarrn war köstlich, aber nicht ganz so wie der von Frau Pschierer.

»Und du hast auch alles so gemacht, wie ich es gesagt habe?«, fragte ich. Francesca drohte mir mit der Gabel.

»Certo – sicher habe ich das!«

»Frau Pschierer hat gesagt, dass es eine Weile dauern kann, bis man das nötige Gefühl für das Rezept hat. Bei ihr waren es wohl ein paar Jahre, bis sie es richtig hinbekommen hat«, meinte ich.

»Jahre!?«, stöhnte Francesca. Ich nickte. Francesca holte tief Luft und schaute wieder auf den Teller mit dem warmen Kaiserschmarrn. Kampfeslustig. »Tja, da weiß ich ja, wer in der nächsten Zeit öfter zum Laufen gehen muss, wenn er nicht auch so ein schnuckliges Bäuchlein bekommen will wie ich.«

Nachspiel

Die Geschichten in diesem Buch sind alle ausgedacht, wenn auch in jeder ein wahrer Kern steckt. Einer wie Max Brunner würde vielleicht sagen: »Wenn's net a bisserl g'schwindelt is, isses auch koa gute G'schicht.« Dennoch haben sich in dieses Buch auch ein paar reale Personen und Orte verloren, vor allem bei den Beschreibungen von Restaurants und Geschäften. Ich hoffe sehr, alles und jeden gut getroffen zu haben. Ein paar Fakten wurden für die Geschichte ebenfalls passend gemacht. Der Auftritt von Konstantin Wecker beim Brückenfest fand beispielsweise an einem Freitag und nicht wie hier geschrieben an einem Samstag statt. Ich bitte in allen Fällen um Nachsicht, es geht schließlich in erster Linie »ums Prinzip«.

Für alles, was ich der bairischen Sprache in diesem Buch angetan habe, bitte ich um Vergebung. Ich bin des Bairischen, dieser wunderbaren Sprache mit ihrer polternden Herzenswärme, nicht mächtig und werde es leider nie sein. Ich habe es versucht, so gut es eben ging.

Inhalt

Katinka Buddenkotte

Betreutes Trinken
Roman

384 Seiten, btb 74885

**Auch wer zwischen allen Stühlen sitzt,
kann noch vom Barhocker fallen.**

Doris Kindermann, Anfang dreißig, arbeitet in einem
Kölner Jugendzentrum. Da sowohl ihre Affären als auch
ihr Kontostand im Minusbereich stagnieren, kann Doris
im zwischenmenschlichen Bereich ihr Helfersyndrom voll
ausleben: Immer öfter kehrt sie daher in ihre Stammkneipe
»Dead Horst« ein, um sich dort den schwer erziehbaren
Erwachsenen zu widmen. Als eines Nachts ihre Jugendliebe
Gunnar auftaucht, beschließt Doris, ihr Leben komplett
umzukrempeln – und verheddert sich gnadenlos.

btb

Harald Martenstein

Männer sind wie Pfirsiche

Subjektive Betrachtungen über
den Mann von heute mit einem objektiven
Vorwort von Alice Schwarzer

176 Seiten, btb 73927

**59 notwendige Abschweifungen über das alltägliche Leben
am Beginn des 21. Jahrhunderts.**

Harald Martenstein blickt auf unsere Welt im Allgemeinen
und den Mann im Besonderen und rückt mit seinen
subjektiven Betrachtungen Phänomene des Alltags in ein
völlig neues Licht.

»Harald Martenstein ist Kult.«
Berliner Zeitung

»Alle lieben Martenstein und seine Welt!«
Hamburger Abendblatt

btb